中国特色社会主义政治经济学蓝皮书系列

国家社科基金重大项目《中国特色社会主义政治经济学探索》(批准号:16ZDA002)阶段性成果

主编/王立胜

中国政治经济学
学术影响力评价报告

2019

ERLINGYIJIU

主编/王立胜 程恩富

执行主编/周绍东

山东城市出版传媒集团·济南出版社

图书在版编目（CIP）数据

中国政治经济学学术影响力评价报告. 2019 / 王立胜，程恩富主编. —济南：济南出版社，2019. 9
ISBN 978 -7 -5488 -3869 -2

Ⅰ. ①中… Ⅱ. ①王… ②程… Ⅲ. ①中国特色社会主义—社会主义政治经济学—学术评议—研究报告—2019 Ⅳ. ①F120.2

中国版本图书馆 CIP 数据核字(2019)第 216737 号

出版人 崔 刚
责任编辑 郑 敏 陈玉凤
装帧设计 侯文英

出版发行 济南出版社
地　　址 山东省济南市二环南路 1 号(250002)
编辑热线 0531 -82056181
发行热线 0531 -86131728 86922073 86131701
印　　刷 济南龙玺印刷有限公司
版　　次 2019 年 10 月第 1 版
印　　次 2019 年 10 月第 1 次印刷
成品尺寸 170mm ×240mm 16 开
印　　张 11.5
字　　数 200 千
定　　价 59.00 元

编 委 会

目 录

第一章　中国政治经济学学术影响力评价概述

一、开展中国政治经济学学术影响力评价工作的意义

中国政治经济学是对中华人民共和国成立以来特别是改革开放以来经济建设实践的经验总结和理论概括。2016 年 7 月 8 日，习近平总书记在主持经济形势专家座谈会时指出，“要加强研究和探索，加强对规律性认识的总结，不断完善中国特色社会主义政治经济学理论体系，推进充分体现中国特色、中国风格、中国气派的经济学科建设”。2017 年 5 月，中共中央印发《关于加快构建中国特色哲学社会科学的意见》，明确提出：要发展中国特色社会主义政治经济学，丰富发展马克思主义哲学、政治经济学、科学社会主义。

2016 年以来，学界围绕“建设和发展中国特色社会主义政治经济学”这一重大命题，开展了持续而深入的研究，促成了广泛而热烈的讨论，形成了大量学术成果，政治经济学迎来了中华人民共和国成立以来第三次研究高潮。目前，“中国特色社会主义政治经济学”已形成了一系列相对固定的研究主题、学者群体、研究机构和传播载体，呈现出良好的发展势头，为中国特色哲学社会科学体系建设提供了重要标杆。2017 年，本课题组首次开展了中国特色社会主义政治经济学的学术影响力评价工作，引起了强烈的反响，取得了良好的社会效果。为进一步扩大学术评价范围，拓宽学

科视野，本年度评价报告更名为《中国政治经济学学术影响力评价报告·2019》。

二、 中国政治经济学学术影响力评价的基本思路

党的十八大以来，我国把马克思主义政治经济学的基本原理同中国特色社会主义建设实践紧密结合起来，提出了一系列新思想新论断，使马克思主义政治经济学焕发出新的生机与活力。中国政治经济学理论的不断发展，为中国和世界经济提供了新的发展思路和创新理念。从独立的学科范畴来看，开展中国政治经济学学术影响力评价，大体呈现出以下几个方面的特点：

第一，中国政治经济学学术评价的文献覆盖面较广。根据研究对象的历史阶段差异，马克思主义政治经济学自然地分为资本主义政治经济学和社会主义政治经济学两个部分。中国政治经济学是社会主义政治经济学的“中国版本”，是马克思主义政治经济学的中国化。在理论体系和学科内容上，中国政治经济学与马克思主义政治经济学、社会主义政治经济学既相互联系又存在差别，体现了一般性与特殊性的结合。因此，在对中国政治经济学进行学术影响力评价时，文献收集范围就不能仅仅局限于“中国政治经济学”这个范畴，还要涵盖“马克思主义政治经济学”“社会主义政治经济学”“社会主义经济理论”“资本论”“习近平新时代中国特色社会主义经济思想”等多个学术范畴。需要对以上这些主题的文献进行甄别和梳理。当然，需要明确指出的是，“中国政治经济学”的文献谱系是以坚持辩证唯物主义和历史唯物主义等马克思主义分析方法作为基本特点的，超出这个范围的文献，本报告就不再将其归于“中国政治经济学”的学术体系。

第二，中国政治经济学学术评价的文献基础是在期刊上公开发表的学术论文。学术影响力评价的标准是多样的，不同学科的影响力评价标准具

有很大差异。对于人文社会科学特别是理论性较强的学科而言，学术论著的影响力是学术影响力评价的重要标准。学术论著主要包括期刊刊载的学术论文、公开出版的专著（包括教材或其他形式的书籍）。从影响力评价的角度而言，这两类论著的重要性都是不言而喻的。但是，专著被引用的数据难以收集且不宜进行标准化处理，因而难以作为学术影响力评价标准。因此，本报告的学术影响力评价是以学者在期刊上发表的学术论文作为评价基础的，即以期刊论文作为评价的数据源头。在此基础上，测算了中国政治经济学研究机构、学术刊物以及研究主题的学术影响力。

第三，在学术评价中同等重视理论性研究和应用性研究。在学科归属上，政治经济学属于理论经济学范畴，但是，政治经济学对于分析和研究现实经济问题具有重要意义，特别是在中国经济发展和改革的进程中，政治经济学理论创新发挥着重要的指导作用。为此，在学术影响力评价中，本报告不仅关注了那些纯理论研究，也注意收集和整理了那些运用政治经济学理论方法研究中国现实问题和政策问题的文献，将“公有制与混合所有制”“按劳分配”“经济增长与高质量发展”“现代化经济体系”“供给侧结构性改革”“乡村振兴战略”“一带一路倡议”等主题词纳入学术影响力评价范围。

第四，立足国内开展中国政治经济学学术评价。改革开放以来，我国实现了经济发展的巨大飞跃，引发了国际社会的广泛关注。反映在学术界，出现了大量“中国模式”“中国道路”“中国经验”“中国奇迹”的经济学研究。但是，总体上来看，运用马克思主义政治经济学观点和方法来研究中国经济问题的国外研究仍然是偏少的。近几年来，西方马克思主义学者（包括一些激进学者、左派学者）也开始关注中国政治经济学，但研究仍然处在起步阶段。因此，目前的中国政治经济学影响力评价仍然立足于国内学者的研究。当然，我们也十分希望在今后的研究中，能够把具有国际化视野的中国政治经济学文献纳入评价体系中来。

三、中国政治经济学学术影响力评价的方法

本报告评价方法主要采取了学术论文影响力评价，学术载体影响力评价以及研究主题影响力评价的方法，其中学术载体影响力评价方法和研究主题影响力评价方法将在后续相应章节进行介绍。

（一）文献来源

本报告选取的文献来自中国知网（中国知识基础设施工程，China National Knowledge Infrastructure，CNKI）下属的中国期刊全文数据库（CJFD），目前，CJFD 是世界上最大的连续动态更新的中国期刊全文数据库。在文献选取方面，本报告采取“单主题”和“双主题”两种不同的搜索方式。单主题搜索方式是在中国期刊全文数据库中采用文献检索方式，在检索“主题”项中选用“中国政治经济学”“当代中国马克思主义政治经济学”“中国社会主义政治经济学”“社会主义经济理论”“习近平新时代中国特色社会主义经济思想”等关键词进行搜索。双主题搜索方式是在中国期刊全文数据库中采用高级检索方式，在检索“主题”项中选用“公有制”“按劳分配”“新发展理念”“资本论”“生产力－生产关系”“以人民为中心”“供给侧结构性改革”“现代化经济体系”“高质量发展”“乡村振兴战略”“一带一路倡议”等并含“政治经济学”关键词进行搜索。文献覆盖时间段为 2016 年 1 月 1 日至 2018 年 12 月 31 日。

根据以上方法，剔除短讯、会议综述、书评、广告等信息含量较小的以及重复的篇目，最终得到 1434 篇期刊文献。这些文献构成了整个评价的文献基础。

（二）评价指标选取和权重设计

1. 评价指标选取

评价学术论文影响力，主要考虑了三个方面内容：一是发表该论文的

期刊影响因子，二是论文的被引用次数，三是论文的被下载次数。我们采用的是中国知网期刊全文数据库提供的期刊复合影响因子，被引用次数和被下载次数通过中国知网直接查出。对于中国知网期刊全文数据库中没有记录复合影响因子的期刊，我们统计该期刊总发表篇数和总被引用次数，通过“影响因子＝被引用次数/发表篇数”的计算方法得出每一个期刊的影响因子近似值，最后算出这些期刊影响因子的平均值作为无影响因子期刊的复合影响因子。由于评价排序只能通过单一指数进行，因此需要计算期刊影响因子、被引用次数和被下载次数三者在学术影响力指数中所占的权重。

2. 指标权重的确定

我们采用了层次分析法（AHP）为二级指标进行赋权。层次分析法采用优先权重作为区分方案优劣程度的指标。优先权重是一种相对度量数，表示方案相对优劣的程度。我们采用 a_{ij} 作为要素 i 与要素 j 的比较结果，a_{ij} ＝i 指标的重要性/j 指标的重要性＝A_i/A_j，含义为“i 指标的重要性是 j 指标的重要性的倍数”，把各指标按两两比较的结果构成的矩阵称为 AHP 判断矩阵（见表 1－1）。

表 1－1 Saaty 引用的 1－9 比率标度

标度	定义	含义
1	同样重要	两元素对某准则同样重要
3	稍微重要	两元素对某准则，一元素比另一元素稍微重要
5	明显重要	两元素对某准则，一元素比另一元素明显重要
7	强烈重要	两元素对某准则，一元素比另一元素强烈重要
9	极端重要	两元素对某准则，一元素比另一元素极端重要
2，4，6，8	相邻标度中值	表示相邻两标度之间折中时的标度
上列标度倒数	反比较	元素 i 对元素 j 的标度比为 a_{ij}，反之为 $1/a_{ij}$

判断矩阵具有如下性质：

$$a_{ij} = \frac{1}{a_{ji}} \quad (1)$$

由于比率标度的选择带有主观性，我们同时采取专家打分法使比率标度的选择更具客观性，我们邀请五位专家分别对三个二级指标的相对重要程度打分（见表1-2）。

表1-2 专家打分表

相对重要度	专家1	专家2	专家3	专家4	专家5
a_{11}	1	1	1	1	1
a_{12}	5	7	5	5	5
a_{13}	1	3	1/3	1/3	3
a_{21}	1/5	1/7	1/5	1/5	1/5
a_{22}	1	1	1	1	1
a_{23}	1/5	1/5	1/5	1/5	1/7
a_{31}	1	1/3	3	3	1/3
a_{32}	5	5	5	6	7
a_{33}	1	1	1	1	1

对专家们的意见集中度我们采取其平均值作为判断标准，可得出以下数据：

$\overline{a_{12}} = 5.4$，$\overline{a_{13}} = 1.533$，$\overline{a_{23}} = 0.189$；$\overline{a_{21}} = 0.189$，$\overline{a_{31}} = 1.533$，$\overline{a_{32}} = 5.6$

AHP判断矩阵：记为 $A = (a_{ij})_{3*3}$

表1-3 层次分析法判断矩阵

Cr	A1	A2	A3
A1	1	5.4	1.533
A2	0.189	1	0.189
A3	1.533	5.6	1

为了从判断矩阵中提炼出有用的信息，达到对事物的规律性认识，为

决策提供科学的依据，就需要计算判断矩阵的权重向量。我们选择用几何平均法求解判断矩阵的权重向量：

第一步：逐行计算 A 的行几何平均值 G_i（i 为行号，i=1，2，3），公式为

$$G_i = \sqrt[3]{a_{i1} * a_{i2} * a_{i3}} = \sqrt[3]{\prod_{j=1}^{3} a_{ij}} \ (i=1,\ 2,\ 3) \tag{2}$$

第二步：对行几何平均值 G_i 进行归一化，即为所计算的权重 W_i。公式为

$$W_i = G_i / \sum_{j=1}^{3} G_j \tag{3}$$

则 $W = (W_1 \quad W_2 \quad W_3)^T$ 即为所计算的权重向量

第三步：得解 $G_1 = 2.0229$ $G_2 = 0.723$ $G_3 = 2.0476$

$$W_1 = 0.42 \qquad W_2 = 0.15 \qquad W_3 = 0.43$$

$$W = (0.42 \quad 0.15 \quad 0.43)^T$$

综上，论文影响力三因素的权重为：论文发表期刊的影响因子占 42%，论文被下载次数占 15%，论文被引次数占 43%。

3. 指标的无量纲化处理

为了尽可能地反映实际情况，排除由于各项指标的量纲不同以及其数值数量级间的悬殊差别所带来的影响，避免不合理现象的发生，需要对评价指标作无量纲化处理。无量纲化的过程实际上就是建立（单项评价指标的）评价函数的过程，即是把指标实际值转化为评价值的过程。单项评价值是个相对数，它表明：从某项评价指标来看，被评价对象（在总体中）的相对地位，即被评价对象相对于总体某一对比标准（最高、最低、平均或其他水平）的相对地位。由于期刊影响因子、被引次数和被下载次数这三个指标的量纲不同，故不能直接利用上面所得权重计算三者的加权和，因此，需要我们对这三个指标进行无量纲化处理。

无量纲化的方法主要有三大类：直线型、折线型和曲线型。根据以上

数据的特点，我们选取了简单易行的直线型处理方法——向量规范法，公式如下：

$$x^*_{ij} = \frac{x_{ij}}{\sqrt{\sum_{i=1}^{n} x_{ij}^2}} \times 100 \qquad (4)$$

综上，基于无量纲化的数据，利用上文得到的指标权重，计算三者的加权和，就可以得到该篇论文的影响力指数。

第二章　中国政治经济学最具影响力学术论文（2016—2018）

本章按研究主题进行分类，遴选了 2016—2018 年中国政治经济学最具影响力的学术论文。研究主题包括中国特色社会主义政治经济学/当代中国马克思主义政治经济学、社会主义市场经济理论、习近平新时代中国特色社会主义经济思想等二十三个方面，涵盖了中国政治经济学研究的大部分领域。其中，中国特色社会主义政治经济学/当代中国马克思主义政治经济学这个主题涉及的论文数量较多，故遴选了影响力排名前三十位的论文，其他主题均遴选了影响力排名前十位的论文。本报告对研究主题进行了概述，梳理了该主题的研究内容和代表性观点。

一、中国特色社会主义政治经济学/当代中国马克思主义政治经济学

中国特色社会主义政治经济学，作为中国化马克思主义的重要组成部分，是对中华人民共和国成立以来特别是改革开放以来社会主义经济建设的经验总结和理论升华，是当代中国马克思主义政治经济学。中国特色社会主义政治经济学发端于中华人民共和国成立，形成了以《论十大关系》为代表的重要理论成果，指导了我国建立完整工业化体系的经济建设实践，出现了第一次研究高潮。中国特色社会主义政治经济学形成于社会主义市

场经济体制的建立和完善过程中，形成了社会主义基本经济制度、社会主义商品经济理论、社会主义宏观调控理论等一系列重要的理论成果，指导了公有制与市场经济有机结合的经济建设实践，出现了第二次研究高潮。党的十八大以来，特别是2015年以来，以习近平同志为核心的党中央，把马克思主义政治经济学与中国特色社会主义经济建设实践结合起来，推动着中国社会主义政治经济学掀起第三次研究高潮，形成了习近平新时代中国特色社会主义经济思想，并在学理性研究和应用性研究两大方面都取得了一系列新成果。

表2-1 主题一最具影响力论文（按第一作者姓氏拼音排序）

序号	论文名称	第一作者	发表期刊	影响力指数
1	马克思主义政治经济学理论体系多样化创新的原则和思路	程恩富	《中国社会科学》	5.85
2	开拓当代中国马克思主义政治经济学的新境界	顾海良	《经济研究》	12.69
3	中国特色社会主义政治经济学对西方经济学理论的借鉴与超越——学习习近平总书记关于中国特色社会主义政治经济学的论述	韩保江	《管理世界》	4.32
4	以创新的理论构建中国特色社会主义政治经济学的理论体系	洪银兴	《经济研究》	14.44
5	在发展实践中推进经济理论创新	黄泰岩	《经济研究》	7.17
6	中国特色社会主义经济学的研究对象、主线和框架	黄泰岩	《马克思主义与现实》	1.98
7	构建中国特色社会主义经济理论新体系	黄泰岩	《南京大学学报（哲学·人文科学·社会科学）》	1.83
8	在马克思主义与中国实践结合中发展中国特色社会主义政治经济学	刘伟	《经济研究》	10.80

（续表）

序号	论文名称	第一作者	发表期刊	影响力指数
9	中国政治经济学的建构：主体、主义、主题、主张	刘永佶	《当代经济研究》	1.44
10	中国经济改革的实践丰富和发展了马克思主义政治经济学	吕政	《中国工业经济》	6.25
11	当代中国社会主义政治经济学的理论来源和基本特征	孟捷	《经济纵横》	2.00
12	中国特色社会主义政治经济学的民族性与世界性	逄锦聚	《经济研究》	10.15
13	构建和发展中国特色社会主义政治经济学的三个重大问题	逄锦聚	《经济研究》	6.64
14	中国特色社会主义政治经济学论纲	逄锦聚	《政治经济学评论》	6.50
15	加强当代中国马克思主义政治经济学教学的思考	任保平	《中国大学教学》	1.60
16	论当代中国马克思主义政治经济学出场的理论旨趣	任平	《苏州大学学报（哲学社会科学版）》	1.66
17	发展当代中国马克思主义政治经济学的根本指导思想	汪海波	《国家行政学院学报》	2.38
18	论中国特色社会主义政治经济学理论来源	王立胜	《经济学动态》	7.29
19	有关中国特色社会主义经济理论体系的十三个理论是非问题	卫兴华	《经济纵横》	2.68
20	2015年理论经济学若干热点问题的研究观点和争鸣综述	卫兴华	《经济纵横》	1.71
21	社会主义政治经济学的“中国特色”问题	杨春学	《经济研究》	9.02
22	当代中国马克思主义经济学的研究范式	张雷声	《思想理论教育导刊》	1.81

（续表）

序号	论文名称	第一作者	发表期刊	影响力指数
23	新时代中国特色社会主义经济思想形成与发展的内在逻辑	张沁悦	《上海财经大学学报》	2.68
24	构建当代中国马克思主义政治经济学的哲学思考	张雄	《马克思主义与现实》	2.67
25	社会主义政治经济学的历史演变——兼论中国特色社会主义政治经济学的历史贡献	张宇	《中国特色社会主义研究》	5.48
26	书写当代中国马克思主义政治经济学的新篇章	张宇	《马克思主义与现实》	2.20
27	社会主义政治经济学发展的新阶段、新成果、新形态	张宇	《经济学家》	1.91
28	开拓当代中国马克思主义政治经济学发展的新时代——学习习近平总书记关于发展当代中国马克思主义政治经济学的论述	张宇	《中国浦东干部学院学报》	1.81
29	中国马克思主义经济学研究现状与趋势——基于CSSCI（2000—2015）来源期刊的文献考察	周春平	《当代经济研究》	1.66
30	中国特色社会主义政治经济学：渊源、发展契机与构建路径	周文	《经济研究》	6.24

二、社会主义市场经济理论

中国经济体制改革是建立和完善社会主义市场经济体制的历史进程，成功实现公有制和市场经济的有机结合，是中国政治经济学重大理论创新之一。从某种意义上来说，中国特色社会主义政治经济学就是一部社会主义市场经济理论。社会主义市场经济体制发展到今天，面临着如何进一步凸显社会主义本质特征、如何在实践中坚持公有制主体地位、如何科学处理政府与市场在资源配置中的关系等一系列重大命题。

程恩富认为，纵观20世纪初以来的经济思想发展史，关于社会主义与市场经济之间关系的探讨不断深化和细化，成为现代社会主义政治经济学和中国特色社会主义政治经济学的第一重大问题。社会主义与市场经济的有机结合，是中国特色社会主义的重大理论和伟大实践。相比资本主义市场经济理论和实践，它不仅在理论上能站得住，而且在实践上能行得好。程霖、陈旭东认为，社会主义市场经济理论不仅丰富了社会主义经济理论，发展了马克思主义政治经济学，而且也对社会经济发展落后的国家如何建设社会主义这一世界性难题，尤其是在基本经济制度、市场体系建设、政府作用发挥、收入分配制度等方面做出了有益探索。当前，在社会主义基本经济制度和市场在资源配置中起决定性作用得到进一步确认的前提下，中国特色社会主义市场经济理论还需要继续推动在产权制度和要素市场化配置等关键领域的发展创新，以更好地服务于下一阶段的经济体制改革重点和经济高质量发展，并助推中国特色社会主义政治经济学的构建。胡家勇认为，社会主义市场经济理论是中国特色社会主义政治经济学的重要组成部分，是马克思主义政治经济学基于中国改革开放实践的重大理论突破，其精髓是，社会主义作为一种社会制度和市场经济作为一种资源配置机制，可以有机结合起来，同时发挥二者的优势，并生成新的制度、体制优势。社会主义市场经济理论已凝练出许多重要理论观点，涉及政府与市场的关系、基本经济制度、收入分配制度、市场经济运行和对外开放等重大理论和实践问题，其中一些已构成中国特色社会主义政治经济学的基本原则。全面深化改革和全面建成小康社会新实践必将推动社会主义市场经济理论的深化和系统化。

表 2-2　主题二最具影响力论文（按第一作者姓氏拼音排序）

序号	论文名称	第一作者	发表期刊	影响力指数
1	经济思想发展史上的当代中国社会主义市场经济理论	程恩富	《学术研究》	2.08
2	改革开放 40 年中国特色社会主义市场经济理论的发展与创新	程霖	《经济学动态》	1.61
3	试论社会主义市场经济理论的创新和发展	胡家勇	《经济研究》	9.16
4	马克思主义经济学视角下的供求关系分析	简新华	《马克思主义研究》	3.46
5	论中国特色社会主义市场经济理论的历史发展	黎宏	《重庆大学学报（社会科学版）》	1.26
6	共享发展理念与中国特色社会主义分享经济理论	李炳炎	《管理学刊》	3.11
7	论习近平经济思想之市场经济观	刘瑞	《财经问题研究》	1.08
8	《资本论》的逻辑与社会主义市场经济体制的选择	乔榛	《当代经济研究》	1.23
9	从理论突破到体制创新：中国特色的社会主义与市场经济融合发展研究	沈文玮	《现代财经（天津财经大学学报）》	1.38
10	试论社会主义市场经济内在矛盾——基于中国特色社会主义政治经济学的思考	张开	《教学与研究》	1.33

三、习近平新时代中国特色社会主义经济思想

习近平新时代中国特色社会主义经济思想是中国政治经济学的最新发展成果。党的十八大以来，我国经济建设在极其复杂的国内外形势下取得了历史性成就，综合国力大幅提高，国际地位显著上升，习近平新时代中国特色社会主义经济思想正是在这一伟大实践中形成的，并已经发展成为

一个核心明确、逻辑清晰、结构完整、内容丰富的理论体系。理论界围绕习近平新时代中国特色社会主义经济思想的意义、内容和创新点进行了深入研究，形成了要把习近平新时代中国特色社会主义经济思想作为我国建设现代化经济体系、推动经济高质量发展指导思想的共识。

习近平新时代中国特色社会主义经济思想的提出具有重要意义。顾海良认为，习近平总书记对中国特色“系统化的经济学说”形成的历史背景和社会根源及其实践基础和基本特征、时代意义和思想境界的深刻阐释，成为他在这一主题为“不断开拓当代中国马克思主义政治经学新境界”讲话中的理论要义和思想精粹。党的十八大以来，习近平新时代中国特色社会主义经济思想对“系统化的经济学说”的探索，就是对这一理论要义和思想精粹的运用，也是这一理论要义和思想精粹的结晶。从对马克思主义理论的继承和发展来看，姜锵从三个层面总结了习近平新时代中国特色社会主义经济思想的理论意义：第一，为马克思主义政治经济学注入了新的科学内涵，具有重大理论意义；第二，为推动中国经济健康持续发展提供了理论指导，具有重大现实意义；第三，为世界经济复苏和发展中国家经济发展贡献了中国智慧，具有重大世界意义。

习近平新时代中国特色社会主义经济思想是一个内容丰富的整体。顾海良认为，习近平新时代中国特色社会主义经济思想对中国特色“系统化的经济学说”的探索，是以新发展理念为主要内容的。在党的十九大报告中，习近平在对党的十八大以来经济建设取得重大成就的论述中，最先肯定的就是在“坚定不移贯彻新发展理念，坚决端正发展观念、转变发展方式，发展质量和效益不断提升”上取得的历史性成就。这是对新发展理念作为习近平新时代中国特色社会主义经济思想的主导理念和中国特色“系统化的经济学说”的主要内容的深刻阐释。新发展理念所具有的“管全局、管根本、管方向、管长远”的作用，深刻揭示了这一理念的总体性特征。这一总体性特征，体现于发展理念各个方面作用的相互依存、相互着力和相辅相成、紧密相连上。创新构成引领发展的“第一动力”，协调成就持续健康发展的“内在要求”，绿色铸就永续发展的“必要条件”和满足人民对美好生活追求的“重要体现”，开放筑成国家繁荣发展的“必由之路”，共享彰显中国特色社会主义的“本质要求”。这五个方面，既各有侧重又相互支撑，形成一个“崇尚创新、注重协调、倡导绿色、厚植开放、推进共享”的有机整体。新发展理念所具有的“管全局、管根本、管方向、管长远”的总体性特征，使这一发展理念成为习近平新时代中国特色社会主义经济思想的重要理论，也成为中国特色“系统化的经济学说”的主要内容。

习近平新时代中国特色社会主义经济思想还包括关于生产力和经济制度的新思想。程恩富提出，我们应深刻领悟习近平总书记关于生产力和生产关系（经济制度）的思想，并引领新时代经济发展取得新的巨大成就。习近平新时代中国特色社会主义经济思想形成于社会主义改革实践，在适应国情世情变化中丰富和发展，在经济发展新常态中实现再定位。方茜、周文总结了习近平新时代中国特色社会主义经济思想的六大创新特征：在改革引领上坚持党对经济工作的集中统一领导；在改革方向上坚持和完善社会主义基本经济制度；在改革立场上坚持以人民为中心；在改革深化上落实新发展理念；在改革主线上推进供给侧结构性改革；在改革核心上坚持市场与政府有机结合。郭冠清提出，习近平新时代中国特色社会主义经济思想主要有五个理论创新：新发展理念是破解时代发展难题、引领经济发展的新发展观，是最突出的理论创新；“坚持以人民为中心的发展思想”贯穿于新时代经济发展中并以“精准脱贫”作为当代最重要的实践形态，是科学回答“为谁发展”时代之问的理论创新；“新常态”经济思想是对经济发展“历史”阶段的准确判断，是科学理解与引领中国经济发展走向的“总开关”和“金钥匙”；“以供给侧结构性改革为经济发展的主线”是对处于经济发展新常态阶段，面对我国社会主要矛盾变化，探索“怎样干”中形成的理论创新；“坚持加强党对经济工作的集中统一领导，坚持使市场在资源配置中起决定性作用和更好发挥政府作用”创新地构建了一个“党、政府、市场”三位一体的理论框架，是对社会主义与市场经济结合的新突破。

表2-3　主题三最具影响力论文（按第一作者姓氏拼音排序）

序号	论文名称	第一作者	发表期刊	影响力指数
1	习近平新时代中国特色社会主义经济思想的逻辑主线与实践路径研究	陈健	《经济学家》	3.88
2	习近平新时代中国特色社会主义经济思想的源流和主线	韩保江	《改革》	4.33
3	习近平经济思想：当代马克思主义政治经济学的重大创新	胡鞍钢	《人民论坛》	6.13
4	习近平新时代中国特色社会主义经济思想的内在逻辑	刘伟	《经济研究》	8.18
5	习近平新时代中国特色社会主义经济思想科学体系初探	陆立军	《经济学家》	2.84
6	习近平新时代中国特色社会主义思想的理论创新研究述论	孙建华	《毛泽东邓小平理论研究》	4.47
7	习近平经济思想与中国特色社会主义政治经济学构建	王东京	《管理世界》	3.99
8	习近平对中国特色社会主义政治经济学理论的重大贡献	王立胜	《当代经济研究》	3.27
9	习近平经济思想的创新思维	王立胜	《当代世界与社会主义》	3.08
10	习近平经济思想与当代中国特色社会主义政治经济学的发展	张占斌	《政治经济学评论》	3.36

四、政治经济学视野下的生产力研究

生产力是不是政治经济学的研究对象？政治经济学应如何研究生产力？这是长期以来争议不断的问题。一般认为，马克思主义政治经济学研究社会生产方式及其与之相适应的生产关系。近年来，围绕着中国特色社会主义政治经济学的生产力研究，学界阐发了一些新的理论观点。

中国特色社会主义政治经济学是马克思主义政治经济学的继承、创新和发展。卫兴华提出，中国特色社会主义政治经济学与马克思主义政治经济学在研究对象上既有共同点，又有不同点。共同点是二者都要研究生产关系，马克思主义政治经济学系统、全面、透彻地研究了资本主义生产关系，而中国特色社会主义政治经济学还不成熟，在生产关系研究上存在不少盲点和误区。马克思主义政治经济学联系生产力研究生产关系，是以既有的生产力发展状况为条件，并没有把生产力作为研究对象。因此，中国特色社会主义政治经济学要从理论上研究怎样更好、更快地发展生产力，但不是研究技术层面的生产力，而是研究社会层面的生产力。

也有观点认为，生产力理论是中国特色社会主义政治经济学的重要理论核心之一。白暴力提出，以习近平同志为核心的党中央，根据我国经济新常态生产力发展状况，基于马克思主义生产力理论，提出了包含生态生产力要素论、生产力创新发展论、生产力发展时空因素论和社会生产力水平总体跃升论等内容的生产力理论，形成了系统的中国特色社会主义生产力理论，丰富和发展了马克思主义政治经济学理论。还有观点从生产力、生产关系和上层建筑三者的动态关系出发，分析了政治经济学的研究对象问题，如余金成认为，政治经济学仍然需要坚持以生产关系作为研究对象，但应当是上层建筑依据生产力发展需要而确立生产关系的理论体系。政治经济学所要研究的生产关系并非孤立存在，它下连生产力，上挂上层建筑，呈现为三者互动的关系。本来意义上政治经济学虽然针对生产关系问题，却全面深入到生产方式、社会形态、意识形态诸多领域。政治经济学基础建立在对生产力认知上：生产力结构方式和发展机制决定了它所需要的生产关系形式，同时又有一定上层建筑与后者相一致。因此，科学的政治经济学只能以正确的生产力认知为前提。

要深化中国特色社会主义政治经济学的“生产力－生产关系”研究，肖磊认为，首先必须澄清与“生产力决定生产关系、生产关系反作用于生产力”这一历史唯物主义基本原理相关的一些理论问题，第一，生产力对生产关系的作用并不是事后意义上的“归根到底的决定”，也不是事前意义上的“多元决定”，而是“辩证决定”；第二，生产关系产生的“生产力前提”不同于生产关系对生产力的“决定性的反作用”，不能将反作用理解为事后意义上的“系统因果性”；第三，马克思、列宁设想的“东方道路”是一个历史发展的特殊性问题，它与英国工场手工业产生后生产关系对生产力的“决定性的反作用”不是同一个问题，不能等同视之，不能用“东方道路”的特殊性否定“生产力一元决定论”的普遍性。李松龄提出：一是要辩证分析和发展劳动价值论中的使用价值理论；二是要辩证分析和发展劳动价值论中的相对剩余价值理论。而许光伟认为，生产力研究维度的恰当识别与工作整理将成为实施创新的“新入口”，同时，它以“互系性思维”防止了理论建构的自足主义。

表2－4 主题四最具影响力论文（按第一作者姓氏拼音排序）

序号	论文名称	第一作者	发表期刊	影响力指数
1	中国特色社会主义生产力理论研究——马克思主义政治经济学的丰富与发展	白暴力	《上海经济研究》	1.18
2	社会生产力与“全面深化改革”——马克思主义核心概念的当下解读	关锋	《思想战线》	1.18
3	全面发展以人民为中心的五大生产力	胡鞍钢	《清华大学学报（哲学社会科学版）》	2.32
4	生产力理论的辩证认识与现实意义	李松龄	《经济问题》	1.65

（续表）

序号	论文名称	第一作者	发表期刊	影响力指数
5	新时代中国特色社会主义绿色生产力研究	任保平	《上海经济研究》	1.17
6	马克思主义政治经济学的研究对象与生产力的关系	卫兴华	《经济纵横》	2.36
7	关于“生产力一元决定论”的若干理论问题——基于经典文本的解释、辩护和重申	肖磊	《马克思主义研究》	1.13
8	马克思生产力概念的辩证诠释及生态价值	徐海红	《中国地质大学学报（社会科学版）》	1.72
9	生产力研究维度和马克思主义经济学的创新——兼析“客体批判”的研究性质	许光伟	《当代经济研究》	2.06
10	建构中国特色社会主义政治经济学与生产力再认识	余金成	《中国浦东干部学院学报》	0.98

五、 政治经济学视野下的生产方式研究

在《现代汉语词典》中，“生产方式”被定义为“人们取得物质资料的方式，包括生产力和生产关系两个方面”。在《辞海》中，“生产方式”被解释为“社会生活所必需的物质资料的谋得方式。是社会生活的基础和社会发展的决定力量。不同的生产方式决定着社会的不同性质。包括生产力和生产关系两个方面。生产力是生产方式的物质内容，生产关系则是它的社会形式”。马克思主义政治经济学是以物质生产方式为研究对象的学问，它所研究的是经济社会发展的一般规律。因此，社会主义生产方式的研究，理应成为中国社会主义政治经济学的重要内容之一。

表2-5　主题五最具影响力论文（按第一作者姓氏拼音排序）

序号	论文名称	第一作者	发表期刊	影响力指数
1	党的十八大以来生产力布局理论的政治经济学分析	董宇坤	《经济纵横》	1.91
2	试析马克思主义“生产方式”范畴的中国化	靳书君	《社会主义研究》	1.01
3	“亚细亚生产方式”再探讨——重读《资本主义生产以前的各种形式》的思考	李根蟠	《中国社会科学》	4.86
4	“大机器工业体系”向“大数据物联网”范式转换：社会主义“全民共建共享”生产方式建构的重大战略机遇	刘方喜	《毛泽东邓小平理论研究》	1.07
5	资本主义生产方式的二重性及其正义悖论——从马克思《资本论》及其手稿看围绕“塔克－伍德命题”的讨论	王峰明	《哲学研究》	1.07
6	粮食供需关系变化新形势下转变农业生产方式研究	魏后凯	《河北学刊》	1.42
7	“三种社会形态论”与“四种生产方式论”再研究——以《资本论》及手稿为中心	郗戈	《马克思主义研究》	1.59
8	社会主义市场经济是新型社会主义生产方式——写在中国改革开放四十周年	余金成	《中国浦东干部学院学报》	1.41
9	资本主义生产方式产生的前提	赵家祥	《中国高校社会科学》	0.99
10	“互联网+”推动的农业生产方式变革——基于马克思主义政治经济学视角的探究	周绍东	《中国农村观察》	6.05

六、 政治经济学视野下的生产关系研究

政治经济学自产生以来，探讨的主题就是国民财富的生产与分配规律，特别是在其中具有决定性作用的经济制度和生产关系。卫兴华指出，要依据自然规律和经济规律发展生产力和社会主义生产关系，既要重视我国提出生产力标准的重要意义，也应重视包括社会主义生产关系和上层建筑在内的社会主义价值判断标准。胡钧、赵燕指出，明确马克思主义政治经济学的研究对象——生产关系这一重要理论，正确理解和运用生产关系在生产力发展中的推进作用，指导我国当前经济发展，对中国人民树立道路自信、认清发展方向、增强发展凝聚力起到决定性作用。

生产关系变革是继续推动中国特色社会主义发展的重要路径，方敏通过回顾以往的经济改革，指出深层次的重大改革无一不是在中国特色社会主义政治经济学的理论指导下，按照生产力发展要求对基本生产关系进行调整，比如建立以公有制为主体、多种所有制经济共同发展的基本经济制度，建立按劳分配与按要素贡献分配相结合的基本分配制度，建立市场在资源配置中起决定性作用和更好发挥政府作用的社会主义市场经济体制，等等。孙新建提出，中国特色社会主义政治经济学的核心是建立以人民为中心的社会生产关系，重点是要建立与以人民为中心经济发展相适应的社会生产关系基础体系，明确劳动者地位及相互间关系，优化产品分配和解决好劳动就业、收入分配、社会保障、生态文明等问题。周新城认为，完善社会主义生产关系，既要重视反映社会经济形态本质的人与人之间的经济关系，即社会经济关系，也要重视在具体组织生产、交换、分配、消费过程中发生的人与人之间的经济关系，即组织经济关系。

表 2-6　主题六最具影响力论文（按第一作者姓氏拼音排序）

序号	论文名称	第一作者	发表期刊	影响力指数
1	新时代中国特色社会主义生产关系特征研究——科学社会主义生产关系理论的丰富与发展	白暴力	《人民论坛·学术前沿》	0.96
2	生产关系调整是经济改革的决定性因素	方敏	《经济研究》	5.88
3	为什么用物质利益关系而不用生产关系——政治经济学研究对象的进一步讨论	侯风云	《河北经贸大学学报》	1.48
4	政治经济学研究对象确定为生产关系的重大实践意义与当代价值	胡钧	《经济纵横》	1.27
5	论生产关系内在结构的四维规定及其关系	刘宗碧	《观察与思考》	0.67
6	中国特色社会主义政治经济学理论体系构建——以人民为中心的社会生产关系视角	孙新建	《改革与战略》	1.52
7	改革开放 40 年我国生产关系演变的现实路径与理论机理	王琳	《上海财经大学学报》	1.63
8	把发展生产力与发展社会主义生产关系和上层建筑统一起来	卫兴华	《求实》	1.68
9	生产关系的三层次解读关系及其意蕴——政治经济学研究对象域内的道名学说和生长论	许光伟	《当代经济研究》	2.10
10	生产关系是一个有多层次内容的系统，应该全面地研究——中国特色社会主义政治经济学若干问题之三	周新城	《毛泽东邓小平理论研究》	0.76

七、 劳动价值论相关问题研究

政治经济学是研究社会生产方式及其发展规律的科学，因而政治经济学首先需要论证的是一定的社会生产方式的历史进步性、优越性，以及相应的必然性，研究一定社会生产方式的产生、发展、更替的历史趋势及条件。正因为如此，政治经济学实际上是历史的科学，作为历史的科学，必然具有相应的阶级性。解释社会生产方式的历史必然性、进步性、正义性，总是从一定阶级利益和立场出发的，因为一定的社会生产方式总是由一定的阶级所代表的。而价值理论便是对一定生产方式正义性和必然性的最深刻的政治经济学分析。因此，一定阶级属性的政治经济学为其阶级所代表的生产方式正义和必然性论证时，必须具有自己的价值学说，并以此作为其全部政治经济学的基石。在本报告统计期间，中国政治经济学有关劳动价值论的探讨，主要集中在中国特色社会主义政治经济学如何坚持劳动价值论、一般利润率变动状况以及知识经济时代劳动价值论新发展三个方面。

刘伟从三个方面梳理了构建中国特色社会主义政治经济学必须坚持劳动价值论的根据。首先，中国特色社会主义政治经济学必须坚持以马克思主义劳动价值论为基础，中国特色社会主义事业本质上是社会主义性质并且以共产主义为最终目标，因此无论从理论逻辑还是从历史逻辑来说，都是在中国对资本主义制度的一种否定。马克思主义的劳动价值论作为体现无产阶级利益要求的学说，作为对资本主义生产方式合理性和正义性根本否定的理论，同时也就是对作为资本主义生产方式对立的社会主义生产方式合理性和必然性的肯定。其次，马克思主义劳动价值论不仅通过揭示资本与劳动的对立，进而通过剩余价值理论分析，阐释了资本主义生产方式的非正义性及必然灭亡的规律，而且阐释了与私有制相联系的社会分工条件下一切商品货币市场交换关系的非正义性，指出其对人类生产活动的扭曲和颠倒的“异化”性，进而指出人类未来理想社会必然在否定一切私有制的同时，否定市场关系。坚持马克思主义劳动价值论，当然必须坚持马克思主义彻底否定私有制及与私有制相联系的商品生产关系的历史观。再次，马克思主义劳动价值论是对产业革命的历史回应。中国特色社会主义政治经济学坚持马克思主义劳动价值论的基本阶级立场和历史价值观，必须坚持其对社会生产力进步和发展的积极呼应的历史唯物主义和辩证唯物主义态度。

平均利润率下降规律是马克思主义劳动价值论的重要引申性结论。孟捷、冯金华从资本积累的基本矛盾以及由此产生的再生产失衡的立场出发，构建了一个新的解释平均利润率变动的模型。根据这个模型，平均利润率变化是由技术进步、实际工资和产品实现率这三个因素决定的。徐春华从两大部类的视角估算了1995—2009年38个国家的一般利润率，进而考察一般利润率的国别差异、下降规律及其影响因素。他的研究认为，各国经济体中两大部类的利润率都存在不同程度的差异，并且第二部类中的利润率在整体上高于第一部类。从总体均值层面看，生产资料部类优先增长的趋势会导致其中的利润率水平下降得比消费资料部门更为明显和稳健。一般利润率下降规律在所有样本国家整体均值层面显著存在。考虑空间关联后，资本有机构成和剩余价值率对一般利润率的影响具有显著的二重性。王智强基于马克思主义市场价值理论分析了剩余价值国际转移，并将其纳入利润率决定体系，重新考察了利润率变动。国别价值转化为国际价值引起剩余价值从劳动生产率低的国家向劳动生产率高的国家转移，剩余价值国际转移率对利润率有正效应，在剩余价值国际转移率、剩余价值率、资本有机构成的影响下，利润率可能下降、不变或上升。

研究在知识经济和信息革命背景下劳动价值论的新变化，也是这一时期的研究热点问题。张平、郭冠清在对马克思有关劳动创造价值理论梳理的基础上，以唯物主义历史观为基础，以解决中国的现实问题为导向，结合中国的实践、马克思对未来社会的设想，以及国内外研究成果，对以“知识生产与知识消费一体化”为特征的知识生产部门的劳动过程、劳动力扩大再生产、剩余价值的分享问题进行了探讨，并以此为基础，对知识部门的创新发展与管理体制改革提出了政策建议。何玉长、宗素娟认为，马克思主义劳动价值论是我们正确认识智能劳动及其价值创造的思想基础。在智能经济条件下，人工智能技术渗透在生产力各要素中，贯穿智能劳动的过程。智能劳动是包含人工智能科技要素的劳动，智能劳动价值包含人工智能科技成果的转化价值。

表 2－7 主题七最具影响力论文（按第一作者姓氏拼音排序）

序号	论文名称	第一作者	发表期刊	影响力指数
1	国际价值、国际生产价格和利润平均化：一个经验研究	冯志轩	《世界经济》	3.86
2	人工智能、智能经济与智能劳动价值——基于马克思劳动价值论的思考	何玉长	《毛泽东邓小平理论研究》	2.97
3	马克思劳动价值论的现实意义及理论启示	金碚	《中国工业经济》	9.14
4	中国特色社会主义政治经济学必须坚持马克思劳动价值论——纪念《资本论》出版150周年	刘伟	《管理世界》	3.73
5	非均衡与平均利润率的变化：一个马克思主义分析框架	孟捷	《世界经济》	5.36
6	复杂劳动还原与马克思主义内生增长理论	孟捷	《世界经济》	4.38
7	剩余价值国际转移与一般利润率变动：41个国家的经验证据	王智强	《世界经济》	3.15
8	危机后一般利润率下降规律的表现、国别差异和影响因素	徐春华	《世界经济》	5.40
9	实体经济困境与思考——一个平均利润率趋向下降规律的分析	杨善奇	《世界经济》	3.94
10	社会主义劳动力再生产及劳动价值创造与分享——理论、证据与政策	张平	《经济研究》	7.96

八、 唯物史观与政治经济学

政治经济学与唯物史观相辅形成，唯物史观是政治经济学的哲学前提，政治经济学是唯物史观具有合理性和合法性的理论根据。作为与中国道路和中国价值相适应的中国特色社会主义政治经济学，是以马克思主义政治经济学为基础创立的，同样应该具有唯物史观的意蕴。

何干强提出了理解唯物史观与中国特色社会主义政治经济学的四个要点：首先，开拓当代中国马克思主义政治经济学的新境界，要深刻认识它贯彻唯物史观的科学理论品格；其次，应在理论的科学性上与渗透唯心史观的西方资产阶级经济学划清界限；再次，必须树立唯物史观的科学创新观，弄清当代中国经济内部的本质联系及其与外部联系的新变化，并把对这些新变化的认识上升到理论高度，必须认真研究已有的经济思想资料及有关的哲学和社会科学思想资料；最后，必须始终坚持政治经济学的阶级性和根本立场，使系统化的经济学说在理论逻辑上辩证地反映工人阶级和广大劳动人民作为经济主体的实践过程。

共产主义包含两大根本特征——生产资料公有制和生产方式自由。曹典顺认为，要从政治经济学的视角理解共产主义，从中国政治经济学的视角看，生产资料公有制为主体的确立一定意义上是为了创设经济秩序和谐的经济体制——避免资本主义的经济危机，生产方式获得自由表现为中国道路对人们生存方式自由的保障——避免资本逻辑的奴役。与此相适应，衡量中国政治经济学是否是马克思主义政治经济学和唯物史观的中国化和现代化，也要看中国政治经济学是否能够体现唯物史观的两大基本意蕴——经济秩序和谐与生存方式自由。

《资本论》是马克思主义政治经济学的成熟著作，也是唯物史观建构历程的重要理论环节，在现时代，《资本论》已经成为构建中国政治经济学的重要文本参考。石建水认为，虽然《资本论》是唯物史观在资本主义经济社会形态研究中的应用，但是，通过这一具体应用，不但丰富和发展了唯物史观的理论体系，而且强有力地验证了唯物史观的科学性质。赵义良提出，只有深入到“资本主义生产方式以及和它相适应的生产关系和交换关系”中，才能使唯物史观的基本原理由思维抽象走向思维具体，从而实证地揭示出资本主义生产方式的历史过渡性和暂时性，论证社会主义取代资本主义的历史必然性。白刚指出，作为“政治经济学批判”，《资本论》揭示了唯物史观所“唯”之“物”不再是旧唯物主义抽象的“自在之物”，而是具体的商品、货币和资本等“可感觉而又超感觉”的物及其背后所掩盖的人与人之间的社会关系。正是《资本论》的“政治经济学批判”发现了“剩余价值”，从而揭开了资产阶级压迫和剥削无产阶级的“历史秘密”，真正把“唯物主义”和“历史”结合了起来，既历史性地解释了资本主义的历史命运，又历史性地解释了共产主义的历史前途，从而实现了对“历史之谜”的“政治经济学解答”。

表 2－8 主题八最具影响力论文（按第一作者姓氏拼音排序）

序号	论文名称	第一作者	发表期刊	影响力指数
1	《资本论》如何证明了唯物史观	白刚	《华中科技大学学报（社会科学版）》	1.91
2	政治经济学与唯物史观的内在关联	曹典顺	《中国社会科学》	6.14
3	中国特色社会主义政治经济学的唯物史观意蕴	曹典顺	《马克思主义与现实》	1.56
4	马克思恩格斯对《共产党宣言》与时俱进的发展及其当代启示	丁堡骏	《马克思主义研究》	1.11
5	用唯物史观指导开拓当代中国政治经济学新境界	何干强	《经济纵横》	1.46

（续表）

序号	论文名称	第一作者	发表期刊	影响力指数
6	唯物史观、动态优化与经济增长——兼评马克思主义政治经济学的数学化	乔晓楠	《经济研究》	7.36
7	《资本论》是唯物史观建构的必然理论环节	石建水	《求实》	1.29
8	现代性逻辑批判与唯物史观的形成——马克思早期三个未完成的批判计划解读	苏哲	《江苏社会科学》	1.29
9	马克思的最低工资学说	谢富胜	《教学与研究》	1.90
10	唯物史观的精神内核及其生成逻辑	赵义良	《中国社会科学》	5.12

九、《资本论》研究

马克思在《资本论》中不仅深刻揭示了资本主义生产方式的本质及其历史发展趋势，而且揭示了现代经济体系运行的一般机制和规律。这是在构建中国特色社会主义政治经济学中《资本论》仍然具有生命力和意义的重要原因。

伴随着全球化的发展与中国的改革开放，中国经济日益成为世界经济格局的重要组成部分，《资本论》中包含的宏观经济分析的科学方法和丰富理论，可以为中国特色社会主义宏观经济运行的理论构建提供重要的借鉴；它所揭示的商品经济运动规律，特别是关于社会总资本再生产的基本原理，对于分析中国宏观经济运行机制及对策，具有直接的指导意义。赵峰以《资本论》为依据，运用马克思主义政治经济学的分析框架，以社会积累为切入点，对社会主义宏观经济运行的基本原理、决定因素进行具体探讨，并结合供给侧结构性改革，分析我国宏观经济已有的增长模式和未来的发展方向。

生产力与生产关系是唯物史观的重要范畴，鲁品越认为，当今教材中的“生产力”“生产关系”概念，虽然具有一定的合理性，但是还有非常大的改进空间。一方面，其并没有充分吸收马克思的经典著作，特别是《资本论》中的相关思想；另一方面，其不能适应当代社会生产实践所带来的新现象，也没有充分吸收中国特色社会主义理论提出的一系列新思想、新概念。因此，立足于当代实践来解读《资本论》关于生产力的思想，改进当今教科书的相关理论，显得十分必要。

所有制和收入分配是生产关系的重要组成部分，吴宣恭认为，《资本论》阐述的所有制理论对我国现阶段社会主义事业具有重要的指导意义，这表现在以下几个方面：（1）认识所有制的重要地位和作用，明确社会主义革命和建设的关键；（2）从所有制对剩余价值生产过程的作用，认识资本主义生产关系的基础和本质；（3）正确领会未来社会的预言，建立和完善社会主义初级阶段的基本经济制度；（4）学习所有制内部产权结构的系统剖析，探索公有制改革的途径和形式；（5）正确领会对股份公司的论述，看清资本主义私有制变迁的过渡形式；（6）了解所有制与商品交换的关系，完善中国特色社会主义市场经济；（7）认清所有制对分配的决定作用，处理好社会主义初级阶段的分配关系；（8）领会关于经济规律产生基础的阐述，认识和自觉运用社会主义初级阶段的经济规律；（9）认识所有制与社会矛盾的关系，正确处理社会主义初级阶段的社会主要矛盾及其变化；（10）将《资本论》的所有制理论作为分析社会政治经济关系的基础，正确认识中国特色社会主义的基本特点。

当前深入推进收入分配体制的改革，要以马克思收入分配理论为指导。王朝明、王彦西指出，应回到马克思《资本论》中对分配关系论述的文本性理解上来。《资本论》的逻辑从研究对象包含了分配关系，收入分配研究服从于剩余价值研究的主线，认识资本主义经济形态是从各种具体收入形式的现象形态入手，而最终抽象出现象形式背后的实质性规定并确定其理论基础。在此基础上，依据《资本论》对资本主义分配关系全景式逻辑扩展的理论解析，可以归纳出马克思的分配理论是以劳动价值论为逻辑起点，劳动力商品理论、剩余价值论和资本积累论为理论支点的。因此，价值创造提供了分配的对象，价值分配由生产要素所有权决定，价值创造与价值分配既有区别又有联系。

表 2-9　主题九最具影响力论文（按第一作者姓氏拼音排序）

序号	论文名称	第一作者	发表期刊	影响力指数
1	《资本论》中关于共产主义经济形态的思想阐释（上）	程恩富	《经济纵横》	2.09
2	《资本论》中关于共产主义经济形态的思想阐释（下）	程恩富	《经济纵横》	2.24
3	《资本论》认知逻辑转换、意识形态功能转变与中国特色社会主义政治经济学的建设	葛扬	《经济纵横》	1.64
4	论《资本论》中的货币形象	黄世权	《清华大学学报（哲学社会科学版）》	2.13
5	《资本论》的生产力与生产关系概念的再发现	鲁品越	《上海财经大学学报》	2.13
6	马克思收入分配理论基础探究——基于《资本论》的逻辑视角	王朝明	《经济学家》	2.49
7	《资本论》的所有制理论对社会主义事业的重要指导意义	吴宣恭	《经济学家》	2.98
8	学好《资本论》推进当代中国政治经济学建设	吴宣恭	《经济纵横》	2.80
9	《资本论》与条目体——兼析政治经济学的学科规范	许光伟	《经济学动态》	2.02
10	《资本论》、经济运行与新时代的政策选择	赵峰	《经济学家》	2.11

十、政治经济学学科体系、学术体系和话语体系研究

任何一种理论体系都是学科体系、学术体系和话语体系三者的综合体，政治经济学也不例外。构建中国特色社会主义政治经济学，必须从学科体系、学术体系和话语体系三个方面着手，不断开拓当代中国马克思主义政治经济学新境界。近年来，政治经济学界围绕三大体系构建展开了一系列讨论，取得了一系列成果。

在学科体系建设方面，张宇分析了中国特色社会主义政治经济学的科学内涵，认为中国特色社会主义政治经济学是当代中国马克思主义政治经济学，是对中国特色社会主义经济建设实践经验的概括和总结，是中国特色社会主义理论体系的重要组成部分，是社会主义政治经济学的新发展和新形态，是人民的政治经济学，是发展社会主义市场经济的政治经济学。白永秀认为，当前我国政治经济学学科在学科队伍、学科阵地、学科人才等方面都存在不少问题，亟须高标准建设政治经济学队伍，打造政治经济学学科建设平台，提升人才培养水平。

在学术体系建设方面，王立胜、郭冠清认为，中国特色社会主义政治经济学学术体系拥有五个方面的理论来源，即马克思主义经典作家的著作、苏联东欧社会主义建设的理论遗产、中国传统文化的“基因”、非马克思主义经济学的文明成果和中国特色社会主义建设的理论成果。李定、吴朝阳提出，构建中国特色社会主义政治经济学学术体系，需要正确认识和理解马克思主义政治经济学理论体系与西方经济学理论体系的区别，以资本一般为起点范畴，以资本和劳动的关系为主线，把以人民为中心，促进人的全面发展作为中心范畴，按照《资本论》的逻辑思维将中国特色社会主义政治经济学的经济范畴和原理有机地联系起来。

在话语体系建设方面，顾海良提出，高度重视原始创新性“术语的革

命”，构建具有自身鲜明特征的话语体系，是中国特色社会主义政治经济学发展的基础工程和重要标识。周文也提出，在这样一个伟大的巨变时代，不但是中国的实践发展，而且是世界经济的发展，都会展示出对中国特色、中国风格、中国气派经济学的强烈需求。中国经济学话语体系立足于中国国情、源于中国经验，又要做到放之四海而皆准，为此只有把它放到更宽广的分析框架和更多国家的经验中去检验，并用科学的方法提炼、概括和抽象，得出一般性的结论，从而形成特定的理论范式，创建出更多符合并有利于发展中国家发展的经济学理论。胡家勇认为，构建中国特色社会主义政治经济学话语体系，主要包括四个方面内容：一是中国特色社会主义政治经济学话语体系要植根于中国改革开放和经济发展的丰厚土壤，系统展示中国特色社会主义发展道路和发展经验，并上升到理论高度；二是系统提炼、归纳改革开放以来党的重要文献和经济学界提出的一系列重大理论创新，形成基本理论命题；三是形成基本的概念和理论假设；四是构建中国特色社会主义政治经济学话语体系需要借鉴现代经济学中的科学成分。

表 2－10　主题十最具影响力论文（按第一作者姓氏拼音排序）

序号	论文名称	第一作者	发表期刊	影响力指数
1	政治经济学学科建设：现状与发展	白永秀	《马克思主义研究》	2.02
2	马克思经济学“术语的革命”与中国特色“经济学说的系统化”	顾海良	《中国社会科学》	5.35
3	《资本论》和中国特色社会主义经济学的话语体系	洪银兴	《经济学家》	7.95
4	建设中国特色社会主义政治经济学话语体系	胡家勇	《学习与探索》	2.26
5	中国特色社会主义政治经济学理论体系的构建方法	李定	《经济问题》	1.69

（续表）

序号	论文名称	第一作者	发表期刊	影响力指数
6	论中国特色社会主义政治经济学的政策—制度话语和学术—理论话语的相互关系	孟捷	《西部论坛》	1.44
7	“中国发展的政治经济学”理论体系构建研究	任保平	《中国高校社会科学》	1.77
8	建设中国特色社会主义政治经济学理论体系的构想	沈开艳	《毛泽东邓小平理论研究》	1.70
9	中国特色社会主义政治经济学理论体系构建的历史演进	王立胜	《经济纵横》	1.62
10	时代呼唤中国经济学话语体系	周文	《经济研究》	6.33

十一、 政治经济学方法论研究

马克思主义方法论由辩证唯物主义和历史唯物主义构成，这二者也是政治经济学的根本方法，同时也是构建中国特色社会主义政治经济学所必须遵循的方法论原则。近年来，围绕着辩证唯物主义和历史唯物主义在政治经济学中的具体运用，理论界展开了深入探讨，并就政治经济学如何推动方法论创新提出了很多新的观点。

马克思主义政治经济学的根本方法是唯物史观和唯物辩证法，但还要进一步提炼其具体方法。颜鹏飞认为，政治经济学“五册结构”“六册结构写作计划”和《资本论》四卷结构，从整体上代表了马克思经济学逻辑体系的最高成就，提供了建立科学体系的框架和方法。胡磊、赵学清认为，政治经济学研究的具体方法包括科学抽象法、从具体到抽象的研究方法和从抽象到具体的叙述方法、逻辑与历史相一致的方法、分析和综合相结合的方法、数量分析法等。林岗将马克思主义政治经济学体现的历史唯物主义方法梳理为四个方面：一是用生产关系必然与生产力发展相适应来解释社会经济制度变迁，二是将生产资料所有制作为分析整个生产关系体系的基础，三是依据与生产力发展的一定历史阶段相适应的经济关系来理解政治和法律的制度以及道德规范，四是在历史形成的社会经济结构的整体制约中分析人的经济行为。林岗认为，即便由于历史条件的变化，将来我们不再采用马克思用过的某些概念、范畴，但是只要遵循上述马克思的方法论原则，我们就仍然是走在马克思主义政治经济学的正确道路上。赵磊指出，应正确把握辩证唯物主义和历史唯物主义的内核与逻辑，通过对不同历史观的比较，在深刻认识唯物辩证法的内涵的基础上，深刻理解马克思主义政治经济学中所蕴含的"矛盾分析"方法的科学性所在。

近年来，对政治经济学具体方法及其在中国应用方面的研究也取得了进展。譬如，历史与逻辑的有机统一是马克思主义政治经济学采用的最基本和最重要的方法论原则之一，陈娜、陈明富提出，历史与逻辑的有机统一是在马克思思想史和思维规律相统一的辩证逻辑与认识论基础上建立起来的。正是出于遵循历史与逻辑相统一的方法论要求，有必要为构建中的中国特色社会主义政治经济学寻找一个合适的"历史和逻辑起点"，丁霞、颜鹏飞指出，根据中国初级阶段现实国情，"特种的商品"及其生产应该是当代中国马克思主义政治经济学的起点范畴。这种商品不同于资本主义市场经济条件下的商品，也不同于社会主义计划经济时期的商品，而是在双层（公有制和非公有制）所有制结构或企业组织条件下的"特种的商品"，并且受到双层经济规律（受制于供求规律和最大限度追逐利润的市场经济规律；按比例分配社会劳动时间以及以人的自由全面发展为宗旨的社会主义基本经济规律）的制约。它符合抽象性、现实性和始基性（即蕴含着此后一切矛盾展开的胚芽），是构建当代中国社会主义政治经济学的重要突破口。

《资本论》是马克思主义政治经济学的经典著作，也最为成熟地体现了马克思主义政治经济学的方法论原则。许光伟提出，依据《资本论》的工作规范，中国特色社会主义政治经济学可以具体在"方法论品性"和"理论品格"层面进行深入精细的研究。也就是说，中国特色社会主义政治经济学方法论原则上可以构造为“革命性＋本土性＋具象性”的品性结构；相应的，具有四种有机推进的理论品格，即继承发展品格、传承和创新品格、与时俱进品格及开放生成和兼容并蓄品格。张旭认为，马克思在《资本论》中运用的方法，应该也必须成为构建中国特色社会主义政治经济学理论体系的方法，这种方法则是唯物史观在研究资本主义社会制度的继续，是唯物辩证法，具体说是马克思的“总体方法论”。在总体方法论的规定下，马克思将政治经济学研究的具体方法分为两类，即研究方法和叙述方法。马克思经济学就是在唯物史观和唯物辩证法双重规定下形成的科学体系。当前，应继续以马克思的方法，深化中国特色社会主义政治经济学理论体系的概括和研究，为新时代中国特色社会主义经济建设提供可靠、科学、持续的理论支撑。当然，赵磊认为，目前理论界对《资本论》研究方法和叙述方法的理解存在偏差，研究方法应是从具体到抽象的方法，而叙述方法则是从抽象到具体的过程。

表2－11 主题十一最具影响力论文（按第一作者姓氏拼音排序）

序号	论文名称	第一作者	发表期刊	影响力指数
1	《资本论》历史与逻辑相统一的方法论及当代重要价值	陈娜	《中国社会科学院研究生院学报》	1.47
2	论中国特色社会主义的意识形态——兼论做好高校意识形态工作	丁堡骏	《当代经济研究》	1.90
3	马克思政治经济学方法论再研究——兼论当代中国马克思主义政治经济学体系	丁霞	《学术研究》	1.49
4	马克思主义政治经济学的根本方法和具体方法——纪念马克思诞辰200周年	胡磊	《经济学家》	2.25
5	坚持马克思主义的根本是坚持马克思的方法论原则	林岗	《经济研究》	6.88
6	论中国特色社会主义政治经济学的方法论品性与理论品格——基于《资本论》的视角	许光伟	《经济纵横》	1.72

（续表）

序号	论文名称	第一作者	发表期刊	影响力指数
7	马克思关于政治经济学体系构建方法再研究——兼论中国特色社会主义政治经济学体系逻辑起点	颜鹏飞	《福建师范大学学报（哲学社会科学版）》	1.21
8	马克思主义政治经济学研究对象和方法的确立	张旭	《经济纵横》	1.53
9	“我不是马克思主义者”的方法论意蕴——基于《资本论》的方法论	赵磊	《政治经济学评论》	1.22
10	创新发展中国特色社会主义政治经济学的辩证法——兼与蔡继明教授商榷	邹升平	《改革》	2.66

十二、 政治经济学视野下的所有制理论研究

马克思主义所有制理论是政治经济学分析的基础，根据所有制分析经济关系是历史唯物主义的基本方法。我国仍然处在并将长期处于社会主义初级阶段，实行的是以公有制为主体多种所有制经济共同发展的基本经济制度，在公有制经济中还存在集体经济和合作经济等多种形式。近年来，政治经济学界围绕公有制与市场经济如何有效结合展开了一系列讨论，并就混合所有制经济如何发展提出了很多新的观点。

公有制与市场经济有机结合的实质是既要遵循市场经济的规律，又要体现公有制的要求；既要发挥市场经济的长处，又要彰显社会主义制度的优越性。简新华与刘伟认为市场经济并不是只能建立在私有制基础上，以市场经济只能建立在私有制基础上的看法推导出的中国发展市场经济必须实行私有化的结论不能成立。公有制与市场经济如何实现有效结合，是构建中国特色社会主义政治经济学的根本性难题。简新华认为公有制企业包括国有企业通过转机改制、实行现代企业制度，能够适应市场经济的要求，

从而公有制能够与市场经济相结合。

生产资料所有制在宏观经济运行和发展中起着基础的作用，目前我国宏观经济运行和发展中出现的贫富分化、产能过剩等类似西方国家经济的现象已经十分严重，最根本的原因就在于公有制的主体地位已严重动摇。何干强指出要避免发生西方国家市场经济的现象，就必须恢复并巩固公有制经济在国民经济中的主体地位。周新城也指出要振兴公有制经济，就必须毫不犹豫地排除西方主流经济学尤其是新自由主义对深化改革的干扰和误导，坚决反对私有化。何干强将如何振兴公有制的措施概括为两点：一是必须坚持以马克思主义经济学为指导，在农村改革中制止私有化；二是必须坚持以马克思主义经济学为指导，在城市经济改革中反对私有化。

混合所有制改革是中国特色社会主义市场经济建设的重大内容，也是全面深化经济体制改革的重要抓手。刘长庚指出发展混合所有制经济是为了增强国有经济的主导作用，完善和发展中国特色社会主义。卢江认为，混合所有制改革着重在混合所有制改革的总体要求、混合所有制改革的方式、混合所有制改革的领域这三个方面为坚持社会主义提供坚实保障，激发经济活力，从而更好地满足人民日益增长的美好生活需要。綦好东认为混合所有制改革包括以下三个方面的内容：第一，因企施策，多种方式推进混合所有制改革，包括通过公开上市推进混合所有制改革，采用“内引外投”双向投资方式推进混合所有制改革，成立国有资本投资运营公司及设立国企改革基金推动混合所有制改革，实施员工持股推动混合所有制改革；第二，完善制度设计，改革国有资产经营激励，包括构建以管资本为主的国资监管体制以及建立企业经营者的市场化选聘与激励机制；第三，同等保护各类产权，维护公众利益。国有企业混合所有制改革是对公有制经济实现形式的实践探索，是一个不断发现问题和解决问题的过程。

表 2－12　主题十二最具影响力论文（按第一作者姓氏拼音排序）

序号	论文名称	第一作者	发表期刊	影响力指数
1	振兴公有制经济刻不容缓	何干强	《河北经贸大学学报》	2.34
2	市场经济只能建立在私有制基础上吗？——兼评公有制与市场经济不相容论	简新华	《经济研究》	9.28
3	中国经济改革对社会主义政治经济学根本性难题的突破	刘伟	《中国社会科学》	8.11
4	理解“混合所有制经济”：一个文献综述	刘长庚	《政治经济学评论》	2.58
5	论双重结构下的混合所有制改革——从微观资源配置到宏观制度稳定	卢江	《经济学家》	2.37
6	国有企业混合所有制改革：动力、阻力与实现路径	綦好东	《管理世界》	10.16
7	论公有制理论的发展	杨春学	《中国工业经济》	6.52
8	论公有制与市场经济的有机结合	张宇	《经济研究》	12.61
9	公有制的建立是新中国经济发展奇迹的基石——基于社会主义改造历史地位的分析	郑有贵	《马克思主义研究》	2.30
10	关于公有制为主体问题的思考	周新城	《当代经济研究》	2.10

十三、政治经济学视野下的分配理论研究

收入分配既是政治经济学的重大理论问题，也是我国经济体制改革的重大实践问题。马克思的收入分配理论是其社会经济理论的核心内容之一，以此为基础，马克思不仅解释了资本主义从产生、发展到灭亡的规律，也预测了未来人类社会经济发展的基本走向。近年来，政治经济学界围绕收入分配理论的发展变化展开了一系列讨论，取得了丰富的研究成果。

改革开放以来，我国在以公有制为主体、多种所有制经济共同发展的基本经济制度的基础上，恢复按劳分配的基本原则。方敏对改革开放以来不同时期的分配关系、分配制度、分配理论和分配政策进行了考察，将我国改革开放以来分配理论与分配关系的变化过程分为三个重要时期：一是在改革开放初期，着力于恢复按劳分配原则；二是自 20 世纪 80 年代中后期到 21 世纪初，分配制度和分配关系随着所有制结构的多元化和社会主义市场经济体制的建立而发生了深刻变化；三是进入 21 世纪以来，着力于深化分配制度改革以解决宏观分配格局和居民收入差距加大等问题。结论认为，我国社会主义初级阶段的分配制度和分配体制是政治经济学理论逻辑与中国特色社会主义历史发展逻辑相统一的产物。魏众与余金成分别从经济思想史和马克思主义发展史的角度对我国按劳分配的中国化发展历程进行了评述。

我国收入分配领域的问题，在宏观上表现为收入分配格局不合理，在微观上表现为收入差距扩大和分配不公。江波和康静萍指出中国收入分配的差距不断扩大，对中国经济发展造成了负面影响。韩文龙认为我国收入分配领域的主要问题包括体制机制制约、劳资关系力量对比失衡、市场机制本身的缺陷、生产力发展不平衡、居民资源禀赋差异等。针对我国收入分配领域的问题，江波提出了“以人民为中心”的分配观和发展观，韩文龙也提出了收入分配的改革路径，包括逐渐形成合理的收入分配格局，进一步缩小收入分配差距以及逐步解决收入分配不公平的问题。

习近平新时代中国特色社会主义经济思想从理论和实践上把有关收入分配的认识推向新高度。刘伟总结了习近平新时代中国特色社会主义经济思想体系中关于收入分配思想的新特点：一是特别强调收入分配制度和基本经济制度的统一，坚持了马克思主义生产决定分配，生产关系决定分配关系的基本辩证历史唯物主义的立场和方法，把生产方式和分配方式作为不可分割的统一体；二是强调社会主义经济发展的根本宗旨是以人民为中心，逐步实现共同富裕是以人民为中心的发展思想的深刻要求，并且进一步将这种逐步实现共同富裕的发展要求概括为“共享”理念，作为新发展理念的有机组成部分；三是强调把蛋糕做大与把蛋糕分好的历史统一，对发展和分配的关系作出了深刻的辩证历史唯物主义的阐释。方敏也提出了如何完善中国特色社会主义新时代的分配关系：第一，必须坚持和完善以公有制为主体、多种所有制经济共同发展的基本经济制度；第二，深化供给侧结构性改革；第三，坚持走中国特色新型工业化、信息化、城镇化和农业现代化道路；第四，加快完善社会主义市场经济体制，特别是完善产权制度和要素市场化配置；第五，不断提高社会保障水平和改善民生，使全体人民共享发展成果。

表 2－13　主题十三最具影响力论文（按第一作者姓氏拼音排序）

序号	论文名称	第一作者	发表期刊	影响力指数
1	马克思收入分配理论的真实内涵及现代启示	曹永栋	《社会主义研究》	1.57
2	不断完善中国特色社会主义新时代的分配关系	方敏	《政治经济学评论》	1.35
3	我国转型期居民间财富差距问题的主要矛盾及新型财富分配制度构建	韩文龙	《政治经济学评论》	1.46
4	当前我国收入分配领域的主要问题及改革路径	韩文龙	《当代经济研究》	1.41
5	论要素贡献、人力资本和“以人民为中心”的关系——市场经济条件下分配问题的政治经济学分析	江波	《改革与战略》	1.19
6	以收入分配为研究核心构建中国特色社会主义政治经济学——基于近 30 年中国政治经济学研究的反思	康静萍	《河北经贸大学学报》	1.60

（续表）

序号	论文名称	第一作者	发表期刊	影响力指数
7	中国特色社会主义收入分配问题的政治经济学探索——改革开放以来的收入分配理论与实践进展	刘伟	《北京大学学报（哲学社会科学版）》	1.47
8	按劳分配原则中国化的探索历程——经济思想史视角的分析	魏众	《经济研究》	7.64
9	按劳分配及其在马克思主义发展史上的四次解读	余金成	《理论学刊》	1.62
10	按劳动力价值分配不能成为混合所有制经济统一的分配形式	邹升平	《经济纵横》	1.16

十四、 政治经济学视野下的经济增长与高质量发展研究

党的十九大报告提出，我国经济已由高速增长阶段转向高质量发展阶段，正处在转变发展方式、优化经济结构、转换增长动力的攻关期。中国特色社会主义政治经济学立足中国现代化建设的实际，探索中国高质量发展的经济规律，并将其上升为系统化的理论，以阐释新时代中国经济的高质量发展。

改革开放以来，我国经济高速增长主要是由需求扩张拉动的，经济进入新常态之后的长期增长趋势主要取决于内需增速的变化。陈昌兵提出了增长理论就是不断探索发展根本动力，发展根本动力在于创新。郭克莎则具体分析了中国经济增长的长期趋势和政策选择，具体内容有四个方面：一是中国改革开放时期的高速经济增长主要是由需求扩张拉动的；二是中国经济增速变化的长期趋势主要取决于需求增速的变化；三是需求增速变化的影响既有供给结构问题也有需求结构问题；四是长期增长政策，把供给侧结构性改革与需求侧结构性改革结合起来。金碚认为高质量发展本质含义是社会所生产和消费的有用产品的增加，也就是说，其经济学含义是使用价值量的增加，更多的使用价值满足人民日益增长的需要。任保平提

出了高质量发展五大内涵：经济发展的高质量、改革开放的高质量、城乡发展的高质量、生态环境的高质量以及人民生活的高质量。

近年来，我国经济发展质量出现积极变化，发展效率开始改善，发展动力正在转换。但是，与人民日益增长的美好生活需要相比，与发达国家相比，质量变革仍有差距、效率变革仍存短板、动力变革仍缺后劲。刘志彪指出了当前高质量发展的重点问题，即当前中国经济运行中的重大结构包括房地产与实体经济之间的失衡、金融与实体经济之间的失衡以及实体经济内部的失衡。高质量发展的关键是要解决发展不平衡、不充分问题。郭春丽、任保平提出了新时代我国经济从高速增长向高质量发展转型的路径：一是推动三大变革，提高发展动力的质量；二是实现活力、效益与质量的有机结合，提高供给体系的质量；三是提升企业效率，构建高质量发展的微观主体；四是发挥质量型政策的作用，建立高质量发展的宏观调控体系。

表 2－14　主题十四最具影响力论文（按第一作者姓氏拼音排序）

序号	论文名称	第一作者	发表期刊	影响力指数
1	新时代我国经济高质量发展动力转换研究	陈昌兵	《上海经济研究》	5.35
2	正确认识和有效推动高质量发展	郭春丽	《宏观经济管理》	3.86
3	长期经济增长的需求因素制约——政治经济学视角的增长理论与实践分析	郭克莎	《经济研究》	8.05
4	关于“高质量发展”的经济学研究	金碚	《中国工业经济》	22.06
5	理解高质量发展：基本特征、支撑要素与当前重点问题	刘志彪	《学术月刊》	3.33
6	创新中国特色社会主义发展经济学 阐释新时代中国高质量的发展	任保平	《天津社会科学》	2.34
7	新时代我国高质量发展评判体系的构建及其转型路径	任保平	《陕西师范大学学报（哲学社会科学版）》	8.91

（续表）

序号	论文名称	第一作者	发表期刊	影响力指数
8	新时代中国经济从高速增长转向高质量发展：理论阐释与实践取向	任保平	《学术月刊》	6.19
9	新时代高质量发展的政治经济学理论逻辑及其现实性	任保平	《人文杂志》	3.28
10	创新中国特色社会主义发展经济学阐释新时代中国高质量的发展	任保平	《天津社会科学》	2.34

十五、 政治经济学视野下的国有企业改革研究

国有企业是中国特色社会主义的重要经济基础，是中国社会主义性质的重要制度体现。深化国有企业改革是现阶段深化经济体制改革的核心，是推动国家现代化、保障人民共同利益的重要力量。近年来，围绕国有企业改革的现状、国有企业改革发展的重点任务以及进一步深化国有企业改革的途径，学界展开了深入讨论，提出了很多新的观点。

在国有企业改革现状方面，剧锦文从混合所有制改革、国有企业战略重组、国有企业完善治理结构以及国有企业创新与竞争能力塑造四个方面描述了国有企业改革与发展的现状。余菁则从政策层面与实践层面总结了国有企业改革的基本进展。她指出，在政策方面，党的十八届三中全会对新时期全面深化国有企业改革进行了战略部署，明确了新时期全面深化国有企业改革的重大任务，国有企业改革的指导政策体系基本构建；在实践方面，各领域国有企业改革向纵深探索，包括国有企业功能界定与分类工作正式启动、中央企业结构调整与重组逐步展开、国有资产监管体制改革稳健前行、混合所有制改革有序推进以及现代企业制度日趋完善。此外，剧锦文、杨瑞龙等也指出，尽管国有企业40年来在改革与发展上取得了举世瞩目的成绩，但依然存在着改革不彻底、重要改革举措的进展不均衡、改革动力与激

励机制有待进一步完善等问题。

在国有企业改革发展的重点任务方面，黄少安和郭敬生认为，改革的重点内容，首先是对现有的企业国有资产或有国有资产的企业进行科学分类，确定哪些该留下、哪些该退出；其次是国有资产该退出的坚决退出，相关的国有或国有控股企业改制或转让；最后才是必须保留的企业国有资产的管理体制改革和国有及国有控股企业的公司治理结构改革。剧锦文进一步指出了国有企业改革和发展的主攻领域日益聚焦于如下五个方面：一是以管资本为主推进国有资产监管体制改革；二是着力推进国有经济在产业上的战略重组和在企业层面的资产重组；三是在企业所有制改革上，以混合所有制改革为核心，通过明晰产权明确国有企业的市场竞争主体地位，提升企业的发展动力和竞争能力；四是推进国有企业公司制改革，建立新型现代企业制度；五是坚持把党的领导与公司治理结构和治理机制相融合，发挥党对公司重大决策的政治决断作用。

在进一步深化国有企业改革方面，刘凤义提炼出当前进一步深化国有企业改革，需要着力做实四个方面，即必须做实全民所有制的生产关系，做实中国特色现代国有企业制度，做实新型社会主义劳动关系，做实混合所有制中的国有经济。杨瑞龙进一步总结出深化国有企业改革的具体方法：第一，进一步明确市场取向的改革目标，发挥国有企业改革在供给侧结构性改革中的重要作用；第二，把国有企业的分类改革与实施创新驱动发展战略结合起来，构建创新领域内“国民共进”的微观结构；第三，分类推进国有企业混合所有制改革；第四，分类分层推进国有资产监管体制的改革与国有企业治理结构的完善。此外，刘凤义与周敏慧特别强调了新时期的混合所有制改革对于国有企业改革的重要意义，认为在指导思想上要明确，发展混合所有制经济不能简单理解为消除国有企业垄断、削弱国有经济、让利于民，而是要做强做优做大国有企业、发展壮大国有经济。

表 2-15 主题十五最具影响力论文（按第一作者姓氏拼音排序）

序号	论文名称	第一作者	发表期刊	影响力指数
1	论经济新常态下的国有企业改革发展——以习近平系列重要讲话精神为主线	郭敬生	《马克思主义研究》	2.25
2	现阶段中国国有经济定位与国有企业改革	黄少安	《学术月刊》	1.65
3	现代化经济体系下的国企改革发展	剧锦文	《人民论坛·学术前沿》	1.47
4	中国国有企业与私有企业的经济角色关系研究——基于动力学演化模型的分析	李帮喜	《当代经济研究》	1.19
5	深化国有企业改革需做实四个方面	刘凤义	《中国特色社会主义研究》	1.89
6	习近平国有经济思想研究略论	宋方敏	《政治经济学评论》	3.82
7	国有企业改革逻辑与实践的演变及反思	杨瑞龙	《中国人民大学学报》	2.59
8	从国际比较的视角看中国国有企业的制度优势	于国辉	《马克思主义研究》	1.29
9	新时期全面深化国有企业改革的进展、问题与建议	余菁	《中共中央党校学报》	2.35
10	中国国有企业改革：经验、困境与出路	周敏慧	《经济理论与经济管理》	3.37

十六、 政治经济学视野下的新发展理念研究

以“创新、协调、绿色、开放、共享”为内容的新发展理念是马克思主义政治经济学基本原理与中国经济社会发展实际结合的新成果，是对马克思主义政治经济学理论的当代运用和积极拓展。

在五大发展理念中，创新是引领发展的第一动力。顾海良指出创新位于新发展理念的首位，是涵盖科学技术、经济运行、经济体制及经济制度的创新的总体理念，在国际发展竞争日趋激烈和我国发展动力转换的形势下，发

展的基点就在于创新。易淼从三个方面总结了如何把握创新发展：一是把握创新实践的本真性，提升创新发展热情；二是把握创新内涵的系统性，释放创新发展潜能；三是把握创新主体的大众性，凝聚创新发展合力。

协调发展是我国经济健康持续发展的内在要求。顾海良提出协调在于把握中国特色社会主义事业总体布局，正确处理发展中的重大关系，重点促进城乡区域协调发展，促进经济社会协调发展。易淼则指出协调反映了社会协调发展规律的要求，要不断增强发展均衡性，构筑协调发展新格局。

绿色发展是化解生态危机、创造新经济增长点的有利契机。顾海良认为绿色发展是实现经济永续发展的前提条件，在根本上就是人与自然之间物质变换中的和谐协调问题，是事关人类社会发展的基本问题。李雪娇利用马克思主义政治经济学分析范式剖析了新常态下绿色发展的制约因素：物质利益的演化引发生态危机，经济主体的行为选择导致发展异化，利益冲突和异化发展的破解需要制度规范和激励设计，而落后的制度安排和激励机制不利于经济社会的绿色转型。此外，李雪娇与易淼都提出了实现绿色发展，应从利益协调、行为规范、制度转型和激励设计四方面入手。

开放发展是社会发展规律和社会主义基本经济规律内涵在国际范围的拓展。中国开放发展的基本理念是，在经济全球化时代，各国要打开大门搞建设，促进生产要素在全球范围更加自由便捷地流动。顾海良认为开放在于顺应我国经济深度融入世界经济的趋势，奉行互利共赢的开放战略，坚持内外需协调、进出口平衡、引进来和走出去并重、引资和引技引智并举，发展更高层次的开放型经济，积极参与全球经济治理和公共产品供给，提高我国在全球经济治理中的制度性话语权，构建广泛的利益共同体。

共享发展理念是对马克思主义政治经济学的继承和发展，是马克思主义中国化和时代化的新成果。李雪娇概括了共享发展的内涵，在范围上，共享发展强调全民共享，让改革红利覆盖到每一个中国人；在内容上，共享发展要求全面共享，让经济发展的各项成果都惠及普通百姓；在过程中，共享发展注重依靠人民，坚持以人民为中心，实现更有质量更有厚度的发展。刘凤义则从两个方面分析了共享发展理念，一是生产力发展水平构成共享发展的物质基础，二是生产关系的性质决定共享发展的层次和范围，并指出我国推进共享发展，公有制企业要努力实现制度层面和管理层面两个层次的共享，非公有制企业要在管理层面的共享发展上下功夫。

“五大发展理念”全面反映了社会主义经济的本质要求，是对社会主义基本经济规律内涵的深化拓宽和高度概括。刘伟认为坚持新发展理念的思想，突出特点在于使发展、改革、开放的历史性命题有机地统一于“新发展理念”之中。顾海良指出新发展理念直面中国经济社会发展的现实问题，以强烈的问题意识，致力于破解发展难题、增强发展动力，是党的十八大以来习近平对当代中国马克思主义政治经济学的新的理论贡献。易淼提出，只有坚决践行“五大发展理念”，积极推动这场关系我国发展全局的深刻变革，才能适应和引领新常态，才能抓住和用好我国发展的重要战略机遇期，才能确保如期实现全面建成小康社会宏伟目标。

表 2－16　主题十六最具影响力论文（按第一作者姓氏拼音排序）

序号	论文名称	第一作者	发表期刊	影响力指数
1	新发展理念的马克思主义政治经济学探讨	顾海良	《马克思主义与现实》	7.09
2	新发展理念与当代中国马克思主义经济学的意蕴	顾海良	《中国高校社会科学》	6.67
3	国内共享发展若干问题研究述评	胡志平	《当代世界与社会主义》	6.13
4	政治经济学的新境界：从人的全面自由发展到共享发展	李雪娇	《经济学家》	5.89
5	绿色发展的制约因素及其路径拿捏	李雪娇	《改革》	5.25
6	共享发展的政治经济学解读	刘凤义	《中国特色社会主义研究》	6.73
7	中国经济学如何研究共享发展	刘凤义	《改革》	4.73

（续表）

序号	论文名称	第一作者	发表期刊	影响力指数
8	坚持新发展理念，推动现代化经济体系建设——学习习近平新时代中国特色社会主义思想关于新发展理念的体会	刘伟	《管理世界》	5.73
9	论创新驱动——马克思主义政治经济学的分析视角	裴小革	《经济研究》	9.37
10	五大发展理念：中国特色社会主义政治经济学的重要拓展	易森	《财经科学》	5.92

十七、 政治经济学视野下的现代化经济体系研究

建设现代化经济体系是引领我国经济改革和发展的基本目标，意味着我国经济改革发展进入体系创新和发展思路提升阶段。近年来，围绕现代化经济体系的内涵、特征以及现代化经济体系面临的问题，理论界展开深入探讨，并就如何全面建设现代化经济体系提出了很多新的观点。

现代化经济体系是由社会经济各个环节、各个层面、各个领域相互关联构成的一个有机整体。黄群慧与魏建认为现代化经济体系是与高质量发展阶段相适应的经济系统，是一个具有创新力、协调平衡的、以人民为中心的经济体系。刘志彪指出现代化经济体系是一种可以定性或定量描述的经济发展水平的状态、目标和结构，指整个国家的相互联系、相互影响的经济系统，在发展总量和速度、发展水平和质量、发展结构和要素、空间布局的性状、体制机制运行、开放发展程度等诸多方面的现代化水平和状态。石建勋则从三个方面具体分析了现代化经济体系的科学内涵：一是微观层面，要素现代化是现代化经济体系的基础；二是中观层面，产业体系现代化是建设现代化经济体系的主要目标；三是宏观层面，经济体制现代化是建设现代化经济体系的制度保障。此外，张俊山将现代化经济体系的特征总结为：现代化经济体系是以实体经济为中心的经济体系，现代化经

济体系建立在最新科技成果的应用基础上，质量第一是建设现代化经济体系的首要标准，现代化经济体系必须有社会主义消费方式，现代化经济体系是社会主义效率与公平的统一。

中国现有经济体系存在着很多问题与不足。简新华与何自力认为现代化经济体系存在的问题主要是发展的不平衡不充分，建设现代化经济体系是为解决发展不平衡不充分问题而做出的重大战略决策。张辉则提出当前中国经济面临着全要素生产率增速放缓、产业结构不尽合理、要素市场化程度偏低和资源环境约束趋紧等挑战，这些挑战制约着现代化经济体系的构建。因此，张占斌与石建勋指出，当前建设现代化经济体系具有必要性与紧迫性：一是中国全面实现现代化的需要，二是适应我国经济体系已由高速增长阶段转向高质量发展阶段的必然要求，三是适应新一轮经济全球化和参与全球治理的迫切需要。

建设现代化经济体系是新时代中国特色社会主义经济建设的重要战略任务，是对现代化认识的深化。顾钰民和刘志彪提出建设现代化经济体系要牢牢把握新常态经济发展的大逻辑，抓住供给侧结构性改革这一主线，推动质量经济、综合要素生产率和发展新动力三大变革。具体来说，何自力和黄群慧都认为建设现代化经济体系的方针是提高经济的质量和效益，重点是强化实体经济，目标是实现创新驱动发展，而完善的社会主义市场经济体制是制度保证。简新华和张占斌总结出建设现代化经济体系的具体路径，包括：第一，贯彻新发展理念，深入推进创新驱动发展战略、完善技术创新体系，加快建设创新型国家；第二，聚焦实体经济，抓好先进制造业，深化供给侧结构性改革；第三，全面深化改革，守住不发生系统性风险的底线，加快完善社会主义市场经济体制；第四，牢牢抓好“三农”问题，完善相关配套制度建设，实施乡村振兴战略；第五，把握“一带一路”建设新机遇，拓展对外贸易新空间，推动形成全面开放新格局。

表 2-17　主题十七最具影响力论文（按第一作者姓氏拼音排序）

序号	论文名称	第一作者	发表期刊	影响力指数
1	推进现代化经济体系建设	顾钰民	《中国特色社会主义研究》	2.63
2	建设现代化经济体系，增强我国经济创新力和竞争力	何自力	《马克思主义研究》	2.39
3	浅论建设现代化经济体系	黄群慧	《经济管理》	6.34
4	新时代现代化经济体系建设几个关键问题	简新华	《人民论坛·学术前沿》	2.89
5	建设现代化经济体系：新时代经济建设的总纲领	刘志彪	《山东大学学报（哲学社会科学版）》	5.16
6	现代化经济体系的科学内涵及建设着力点	石建勋	《财经问题研究》	3.34
7	习近平新时代中国特色社会主义经济思想：马克思主义政治经济学关于社会主义现代化建设的创新发展	魏建	《改革》	2.88
8	建设现代化经济体系的理论与路径初步研究	张辉	《北京大学学报（哲学社会科学版）》	2.82
9	对新时代中国特色社会主义现代化经济体系建设的几点认识	张俊山	《经济纵横》	4.12
10	建设现代化经济体系引领经济发展新时代	张占斌	《中国党政干部论坛》	2.31

十八、以人民为中心的发展思想研究

习近平总书记强调，要坚持以人民为中心的发展思想，这是马克思主义政治经济学的根本立场。以人民为中心的发展思想是对马克思主义政治经济学的丰富和发展，构成了中国特色政治经济学体系的逻辑起点。理论界围绕以人民为中心的发展思想展开了深入讨论，取得了一系列的研究成果。

“以人民为中心的发展思想”的提出和形成有着深刻的理论渊源、历史依据与实践基础，践行“以人民为中心的发展思想”对于实现中国经济社会持续健康发展有着重大现实意义。刘儒提出，马克思主义政治经济学自诞生之日起，就始终把坚持以人民为中心的发展思想，致力于实现最广大人民根本利益作为根本的政治立场。白暴力认为“人民主体论”以历史唯物主义为哲学基础，明确了劳动者是生产力中最活跃最根本的因素，揭示了生产资料公有制的社会基础和历史必然性，进一步确立了社会主义生产目的，夯实了劳动价值理论的学术基础。“人民主体论”不仅推进了马克思主义政治经济学的发展，也为中国特色社会主义政治经济学奠定了制度分析基础。此外，以人民为中心的发展思想作为贯穿习近平治国理政思想的一条主线，是对马克思恩格斯关于人民主体思想的延承和发展。韩庆祥也指出把坚持人民主体地位摆在发展的指导原则之首，充分彰显了习近平总书记经济思想的民本情怀。

以人民为中心是马克思主义政治经济学的特有品质和根本立场。巫文强指出，中国特色社会主义政治经济学需要围绕“以人民为中心”，从建立社会生产关系、发展社会生产力、统筹管理社会经济活动和让人民共享经济发展成果等方面来建构自己的理论体系。段学慧从四个方面分析了中国特色社会主义政治经济学坚持“以人民为中心”根本立场的内涵：第一，“以人民为中心”体现了中国特色社会主义政治经济学人民性和党性的高度统一；第二，坚持“以人民为中心”是社会主义初级阶段赋予政治经济学的历史使命；第三，中国特色社会主义政治经济学要始终把广大劳动人民的利益放在首位，在此基础上协调好人民内部同利益群体之间的关系；第四，“以人民为中心”确立了人民在社会主义生产关系中的主体地位。

进一步创新发展当代中国马克思主义政治经济学，其核心是要始终坚持以人民为中心的发展思想。刘儒提出始终坚持以人民为中心的发展思想需要从以下四个方面着眼：一是大力解放和发展社会生产力；二是坚持和完善社会主义基本经济制度；三是坚持社会主义市场经济改革方向，大力发展社会主义市场经济；四是坚持和完善社会主义分配制度，坚持以人民为主体的共享发展理念，走共同富裕的道路。段学慧认为在构建中国特色社会主义政治经济学体系的过程中，要真正做到“以人民为中心”，就必须坚持唯物史观、坚持科学的劳动价值论一元论、坚持公有制的主体地位以及阶级分析法。同时，巫文强指出，围绕“以人民为中心”建构理论体系，要谨防对“人民”概念的滥用和歪曲。

表 2－18 主题十八最具影响力论文（按第一作者姓氏拼音排序）

序号	论文名称	第一作者	发表期刊	影响力指数
1	人民主体论：中国特色社会主义政治经济学的逻辑起点	白暴力	《中国特色社会主义研究》	2.92
2	以人民为中心：中国特色社会主义政治经济学的根本立场	段学慧	《福建论坛（人文社会科学版）》	2.28
3	习近平以人民为中心的政治经济学说	韩庆祥	《人民论坛》	3.18
4	马克思主义政治经济学与以人民为中心的发展思想	刘儒	《西安交通大学学报（社会科学版）》	3.03
5	以人民为中心的中国特色社会主义政治经济学的逻辑框架	汤正仁	《改革与战略》	1.83
6	以人民为中心的发展思想研究述评	王晶晶	《中共石家庄市委党校学报》	1.90
7	国内关于“以人民为中心的发展思想”研究述评	王岩	《当代世界与社会主义》	3.25
8	人民是经济发展的基础 也是经济发展的目的——兼谈坚持以人民为中心的中国特色社会主义政治经济学学理	巫文强	《改革与战略》	2.31

（续表）

序号	论文名称	第一作者	发表期刊	影响力指数
9	中国特色社会主义政治经济学：利用市场机制以人民为中心发展——兼谈中国特色社会主义政治经济学理论体系的构建	巫文强	《学术论坛》	1.92
10	中国特色社会主义需要以人民为中心建立社会生产关系——以人民为中心的中国特色社会主义政治经济学研究系列之一	巫文强	《改革与战略》	1.45

十九、 社会主义社会主要矛盾研究

党的十九大报告指出，新时代我国社会主要矛盾已转化为人民日益增长的美好生活需要和不平衡不充分的发展之间的矛盾。这一战略判断集中展现了党的担当精神、为民情怀、忧患意识和进取精神，意涵丰富而深刻。面对日益复杂的世界形势，有关社会主义社会主要矛盾的新判断，既体现了以人民为中心的政治经济学的立场，又丰富和发展了中国特色社会主义政治经济学政治理论体系。

卫兴华提出，作为社会主要矛盾内涵的不平衡、不充分发展，应该是针对满足人民美好生活需要的不平衡、不充分，就是高端高质供给与高端高质需求不平衡，供给不能充分满足人民美好生活的需要。谢富胜认为，我国社会生产力水平总体上显著提高，社会生产能力在很多方面进入世界前列，更加突出的问题是发展不平衡不充分，这已经成为满足人民日益增长的美好生活需要的主要制约因素，我国社会主要矛盾已经转化为人民日益增长的美好生活需要和不平衡不充分的发展之间的矛盾。郝全洪进一步分析了“我国经济发展主要矛盾变化”的深刻内涵，他指出，当前我国经济发展主要矛盾是结构性供需失衡，表现为供求低水平平衡与高水平不平衡共存，性质是结构性的，根源是供给体系质量和效率不高，供给体系和结构不能有效、灵活地适应需求及其结构变化，导致有效供给、优质供给、中高端供给不足，无效供给、低端供给过剩。

当前我国经济发展虽然取得了巨大成就和进步，但长期存在和困扰我国经济发展的诸多矛盾和问题依然存在。逄锦聚提出在肯定有利因素、把握基本态势的同时，也应正视我国经济面临的一些新问题、新矛盾，他指出这些矛盾是结构性的而不是总量性的，是相对过剩矛盾而不是绝对过剩矛盾，是社会主义初级阶段落后的生产与人民日益增长的物质文化需要的社会主要矛盾在经济发展进入新常态后的新的阶段性表现。柯健与郝全洪认为，当前我国经济运行和发展面临的突出矛盾和问题，虽然有周期性、总量性因素，但根源是重大结构性失衡，痛点在供给侧，供给没跟着或跟不上需求变化，传统产能过剩，优质供给、有效供给能力不足，供给结构错配严重。我们要用变化发展的眼光来看待社会主要矛盾的发展变化，准确地把握和认识我国社会主要矛盾变化发展的基本规律。卫兴华指出，解决社会主要矛盾中的不平衡不充分发展，重在进行供给侧结构性改革，由重数量发展转为重质量发展。谢富胜认为，中国特色社会主义新时代主要矛盾的主要方面是发展的不充分，解决发展不充分应该以供给侧结构性改革为主线，减少无效和低端供给，扩大有效和中高端供给，增强供给结构对需求变化的适应性和灵活性；在解决生产不充分的发展过程中，促进生产发展不平衡问题的解决。刘铮提出了解决不平衡发展问题的战略构想：（1）实行乡村振兴战略，解决城乡不平衡发展问题；（2）实行区域协调发展战略，解决区域不平衡发展问题；（3）打好精准扶贫的决胜战役，解决贫困群体的脱贫问题；（4）实施供给侧结构性改革以及创新战略，解决发展不充分问题。总之，为实现决胜全面建成小康社会目标，必须紧扣社会主要矛盾的变化，致力于解决不平衡、不充分发展问题，统筹推进经济建设、政治建设、文化建设、社会建设以及生态文明建设，打好全面建成小康社会的攻坚战。

表2－19 主题十九最具影响力论文（按第一作者姓氏拼音排序）

序号	论文名称	第一作者	发表期刊	影响力指数
1	关于我国经济发展主要矛盾变化的思考——学习习近平新时代中国特色社会主义经济思想	郝全洪	《教学与研究》	1.35
2	当代中国马克思主义政治经济学最新成果——习近平新时代中国特色社会主义经济思想的创新与发展	柯健	《求知》	1.19
3	新时代中国不平衡发展难题的政治经济学阐述	刘铮	《毛泽东邓小平理论研究》	0.61
4	我国经济发展基本走势和主要矛盾的政治经济学分析	逄锦聚	《经济纵横》	1.60
5	论新时代我国社会主要矛盾转化战略判断的深刻意涵——深刻领会习近平新时代中国特色社会主义思想“八个明确”之一	王永贵	《苏州大学学报（哲学社会科学版）》	3.00
6	论新时代中国特色社会主义社会主要矛盾及其转化——一个马克思主义政治经济学方法论的视角	卫兴华	《当代经济研究》	1.71
7	如何理解中国特色社会主义新时代社会主要矛盾的转化	谢富胜	《教学与研究》	1.92
8	新时代我国社会主要矛盾转变内在动因探析——基于中国特色社会主义政治经济学利益分析方法	易淼	《西部论坛》	2.03
9	新时代中国特色社会主义社会主要矛盾转化研究	张霞	《河北经贸大学学报》	1.16
10	揭示矛盾规律是中国特色社会主义政治经济学的基本命题	张迎春	《大连海事大学学报（社会科学版）》	0.28

二十、政治经济学视野下的经济新常态研究

党的十八大以来，以习近平同志为核心的党中央作出经济发展进入新常态的重大判断，随着认识的深化和实践的发展，新常态理论不断完善和丰富，成为中国特色社会主义政治经济学发展的重要里程碑。理论界围绕经济发展新常态的内容、特征及意义进行了深入研究，取得了一系列研究成果。

蔡昉认为，中国经济发展进入新常态的一个表现特征就是经济增长速度放缓，这既不是一种中短周期波动表现，也不是任何已知的经济长周期现象，而是中国经济发展长期过程的一个新阶段，是中华民族伟大复兴途中一个重要的里程碑。张开将经济新常态的内涵与特征总结为四个方面：经济发展速度放缓、经济发展方式转变、经济结构调整与经济发展动力转换。逄锦聚从生产、分配、交换、消费这四个环节出发，说明导致我国经济进入新常态的根本原因：第一，生产性因素是导致我国经济进入新常态的根本性因素。第二，分配领域生产资料和劳动力的分配是生产的前提，实际是资源配置的问题；消费领域生产性消费作为生产要素的耗费，与生产是同一的。第三，关于劳动产品的分配、个人生活的消费和交换对于我国经济进入新常态的作用，要给予客观估计和足够重视。最后，郭克莎认为，新常态理论已成为中国特色社会主义政治经济学的一项重要理论成果，主要创新性体现在以下三个方面：一是从短期经济运行中发现和揭示长期发展趋势，二是从国际国内联系中找到发展面临的主要矛盾，三是准确概括经济发展新常态或新阶段的主要特点。

为实现中国经济长期可持续的中高速增长，学界对于发展当代中国马克思主义政治经济学，指导和引领经济新常态已达成共识。蔡昉与张开都提出了以供给侧结构性改革引领新常态是适应和引领经济发展新常态的重

大创新。蔡昉指出，供给侧结构性改革是经济发展新常态这个大逻辑下的必然选择。供给侧结构性改革的针对性和目标，就是通过消除生产要素供给能力和配置效率以及全要素生产率提高的体制性障碍，消除经济运行中不平衡、不协调和不可持续的因素，一方面挖掘传统增长动能的潜力，另一方面开启新的可持续增长动能。逄锦聚则具体论述了如何指导和引领经济新常态：第一，树立创新、协调、绿色、开放和共享的发展理念，把提高经济发展质量和效益摆在适应和引领经济新常态的中心地位，保持经济稳定增长；第二，把转方式调结构放到适应和引领经济新常态更加重要的位置，加快转方式调结构的步伐；第三，把创新驱动摆在适应和引领经济新常态的重要位置，促进全要素生产率的提高；第四，狠抓改革攻坚，为适应和引领经济新常态提供制度保证。

表 2-20 主题二十最具影响力论文（按第一作者姓氏拼音排序）

序号	论文名称	第一作者	发表期刊	影响力指数
1	从中国经济发展大历史和大逻辑认识新常态	蔡昉	《数量经济技术经济研究》	5.31
2	中国经济发展进入新常态的理论根据——中国特色社会主义政治经济学的分析视角	郭克莎	《经济研究》	11.44
3	引领中国经济发展新常态的理论思考与实践探索——学习习近平关于社会主义经济建设的重要论述	郭如才	《党的文献》	1.06
4	马克思主义中国化政治经济学的最新成果——十八届五中全会的重大理论贡献	李君如	《理论与改革》	5.60
5	马克思生产、分配、交换和消费关系的原理及其在经济新常态下的现实意义	逄锦聚	《经济学家》	6.70
6	马克思经济学在经济新常态下的现实意义	逄锦聚	《社会科学文摘》	2.43

（续表）

序号	论文名称	第一作者	发表期刊	影响力指数
7	论经济新常态与创新发展理念	杨承训	《上海经济研究》	1.88
8	新常态视域中的资源优势整合论及现实运用	杨静	《河北经贸大学学报》	1.38
9	发展新理念引领经济发展新常态——国内相关研究进展与评述	张开	《改革与战略》	1.59
10	经济发展新常态与供给侧结构性改革——国内相关研究进展与评述	张开	《改革与战略》	1.33

二十一、 政治经济学视野下的供给侧结构性改革研究

供给侧结构性改革举措的提出，是运用马克思主义政治经济学基本原理，结合当前经济发展实际进行的重大理论创新，也是发展当代马克思主义政治经济学的重大成果。开展供给侧结构性改革研究必须以马克思主义政治经济学为指导，对供给进行结构性改革，供需双侧发力，双轮驱动推动经济发展。在本报告统计期间，中国政治经济学有关“供给侧结构性改革”的探讨，主要涉及两大类问题：一类是供给侧改革的理论源头或理论依据是什么，另一类是为何和如何搞好中国经济的供给侧结构性改革。

马克思的供给理论和对供给侧的结构性分析，对于社会主义市场经济的供给侧结构性改革，具有重要的理论指导意义。方福前提出，马克思从制度或生产关系的高度，揭示了决定总供给和总需求规模及二者实现平衡的生产关系经济结构和其他必要条件，以及市场经济下资源配置机制的内在矛盾，对于社会主义市场经济的供给侧结构性改革具有重要的理论指导意义。方敏总结出供给侧结构性改革的理论基础：一是生产（供给侧）是经济发展的基础和决定性因素，作为生产关系变革的改革只能以发展生产力为根本目标和检验标准；二是运用矛盾分析方法，把生产与消费的矛盾、

总供给与总需求的矛盾归结为特定社会结构和历史发展阶段的产物。

肖林认为，供给侧结构性改革不同于以往中国社会主义市场经济体制建设中的供给侧改革，它更具体系性、综合性和全局性。逄锦聚、方福前提出，供给侧结构性改革的实质就是要通过发展生产，加快转变经济发展方式，加快调整经济结构，加快培育形成新的增长动力，通过转变经济发展方式实现持续发展、更高水平的发展，改善我国以产业结构为主的供给结构，提高供给质量和水平，以满足人民的需要。谢地从微观、中观、宏观及国际经济四个层面分析了经济生活中供给侧面临的主要结构性矛盾，包括企业自主创新能力较差、产业结构升级缺乏动力、分配不合理、政府治理能力亟待提升等。

当前中国经济面临极为复杂的形势，深层矛盾困扰着企业、社会和政府，金碚指出，必须以供给侧结构性改革作为政策思路主线，进行以“去产能、去库存、去杠杆、降成本、补短板”为重点的结构性调整。方敏重点强调了推进供给侧结构性改革的关键是处理好政府与市场的关系，防止政府尤其是地方政府采取需求侧刺激性措施的错误政策导向。肖林总结了我国供给侧结构性改革的战略路径，包括：（1）以要素新供给来提升全要素生产率，实现从要素驱动向创新驱动转变；（2）以制度新供给深化市场经济体制改革，实现从政府管制向市场配置转变；（3）以结构新供给促进以产业结构为重点的经济结构调整，实现从粗放式发展向集约化发展转变；（4）以政策新供给来化解发展中的突出矛盾和问题，为供给侧结构性改革营造发展环境；（5）加强供给侧改革与需求侧管理的协同运用，为供给侧结构性改革赢得战略机遇。此外，邱海平也指出了在强调和注重供给侧改革的同时，必须进一步重视需求侧的作用和需求侧的改革。

表2-21 主题二十一最具影响力论文（按第一作者姓氏拼音排序）

序号	论文名称	第一作者	发表期刊	影响力指数
1	供给侧结构性改革的马克思主义政治经济学分析	丁任重	《中国经济问题》	5.01
2	寻找供给侧结构性改革的理论源头	方福前	《中国社会科学》	8.61
3	供给侧结构性改革的政治经济学	方敏	《山东社会科学》	4.81
4	基于价值论与供求论范式的供给侧结构性改革研析	金碚	《中国工业经济》	8.19
5	中国特色社会主义政治经济学原则与供给侧结构性改革指向	刘凤义	《政治经济学评论》	5.38
6	经济发展新常态中的主要矛盾和供给侧结构性改革	逄锦聚	《政治经济学评论》	16.79
7	马克思主义政治经济学对于供给侧结构性改革的现实指导意义	邱海平	《红旗文稿》	8.17
8	供给侧结构性改革必须坚持以马克思主义政治经济学为指导	邱海平	《政治经济学评论》	7.38
9	中国特色社会主义政治经济学与供给侧结构性改革理论逻辑	肖林	《科学发展》	10.20
10	用马克思主义政治经济学指导供给侧结构性改革	谢地	《马克思主义与现实》	10.06

二十二、政治经济学视野下的乡村振兴与精准扶贫研究

乡村振兴和精准扶贫是立足中国国情并以马克思主义政治经济学为指导的伟大的实践探索，由此也产生了马克思主义中国化的最新理论成果。近年来，学术界围绕乡村振兴战略的政治经济学解读与实践路径，精准扶贫的理论路径与实践创新，以及农村土地制度改革等问题展开了广泛的探讨，取得了丰硕的成果。

关于乡村振兴战略的政治经济学解读与实践路径。王丰考察了改革开

放四十年的乡村发展历程，认为乡村发展历经了五个阶段，由此形成了正确把握农村改革的基本规律、与时俱进地推进全面深化改革、树立以农民为中心的发展理念、构建和完善以基层党组织为核心的乡村治理体系四条基本经验。程恩富、张杨考察了邓小平“第二次飞跃”论与习近平“统”的思想之间的深刻联系，认为解决新时代农村主要矛盾一定要壮大集体经济，走向符合市场经济要求的农村新型集体化、集约化发展道路。王立胜等人认为新时代我国社会主要矛盾在农村的特殊表现是城乡发展不平衡，要解决这个矛盾，需要重新定位城乡关系，确立城乡融合理念，践行乡村振兴战略，并通过城乡融合发展来破解“三农”难题，这是实施乡村振兴战略的必然选择。

关于精准扶贫的理论路径与实践创新。公丕宏、公丕明认为只有在理解精准扶贫的生成逻辑、把握精准扶贫的实现路径基础上，才能进一步推动新时期社会主义扶贫实践，而改革开放以来中国扶贫实践经历了改革推动减贫、规模攻坚扶贫、综合扶贫开发和精准扶贫脱贫攻坚四个阶段，精准扶贫是当前我国扶贫开发进入脱贫攻坚的决胜阶段的正确选择。胡联等人认为精准扶贫理论作为先进的国际减贫理念，从理论上探讨如何规避精英俘获，将为世界反贫困理论与实践贡献中国智慧。张春敏从政治经济学视角分析了产业扶贫中政府的角色，根据产业扶贫的内涵，政府应该担当起主导产业扶贫的角色，这种角色主要体现为引导、支持企业等扶贫主体与贫困农户等扶贫客体，同时要注意处理好政府与市场之间、扶贫主体与客体之间的一系列关系。张绪清着眼于贵州六盘水市的“三变”改革，认为“三变”改革为壮大农村集体经济、深化农村综合改革与破解“三农”问题提供了一个窗口，其作为精准扶贫的有效途径实现了农业增产、农民增收和农村发展，积极改善和调整了农村生产关系，进一步解放和发展了农村生产力，有力地推进了农业供给侧结构性改革，指出有必要将这一地方性探索从理论与实践上升到国家改革的战略层面。

关于农村土地改革。张广辉、方达讨论了农村土地所有权、承包权和经营权的基本内涵与意义，并明确放活土地经营权是土地“三权分置”制度的重要目标，其本质是在更大范围内为资金进入农村土地经营领域提供渠道，解决农业经营资金短缺与效率不足的问题，为新型农业经营主体培育提供制度支持，指出要从培育职业农民、完善土地经营权价值评估体系以及引入PPP模式等途径来加强新型农业经营主体培育。张广辉、魏建对农民的土地财产权利进行了界定，认为包含土地承包经营权、宅基地使用权和集体收益分配权的土地财产权利能够有效增加农民收入，从而提高“主动城镇化”和“被动城镇化”水平，并探讨了村委会、地方政府和用地企业在这一过程中发挥的作用。

表2-22　主题二十二最具影响力论文（按第一作者姓氏拼音排序）

序号	论文名称	第一作者	发表期刊	影响力指数
1	习近平新时代精准扶贫思想形成的现实逻辑与实践路径	陈健	《财经科学》	2.42
2	论中国特色社会主义扶贫实践和理论	公丕宏	《上海经济研究》	2.34
3	精准扶贫的理论创新——基于马克思主义政治经济学视角	胡联	《财贸研究》	3.08
4	改革开放40年乡村发展的历程与经验启示	王丰	《贵州财经大学学报》	2.62
5	深刻把握乡村振兴战略——政治经济学视角的解读	王立胜	《经济与管理评论》	2.03
6	产业扶贫中政府角色的政治经济学分析	张春敏	《云南社会科学》	3.05
7	农村土地“三权分置”与新型农业经营主体培育	张广辉	《经济学家》	4.05
8	农民土地财产权利与人口城镇化	张广辉	《学术月刊》	2.26

（续表）

序号	论文名称	第一作者	发表期刊	影响力指数
9	农村“三变”改革助推精准扶贫的政治经济学解析——基于六盘水的地方性实践	张绪清	《贵州师范大学学报（社会科学版）》	3.39
10	壮大集体经济、实施乡村振兴战略的原则与路径——从邓小平“第二次飞跃”论到习近平“统”的思想	张杨	《现代哲学》	3.36

二十三、政治经济学视野下的开放经济和“一带一路”倡议研究

“一带一路”倡议是根植于马克思主义政治经济学理论并结合中国现阶段实际情况创造性提出的崭新发展路径。近年来，学术界围绕“开放经济”理论，“一带一路”经济学的学科定位与研究体系，“一带一路”倡议与马克思主义政治经济学的互动关系，以及通过政治经济学方法讨论“一带一路”倡议在实施过程中面临的危机、挑战和解决方案等问题展开了广泛的讨论，提出了很多新的观点。

中国特色开放型经济理论是我国对外开放长期实践的基本理论总结，裴长洪将中国特色开放型经济理论框架简要概括为：（1）完善互利共赢、多元平衡、安全高效的开放型经济体系；（2）构建开放型经济新体制；（3）培育参与和引领国际经济合作竞争新优势；（4）完善对外开放战略布局；（5）积极参与全球经济治理和公共产品供给。

关于“一带一路”经济学的学科定位与研究体系，白永秀、王泽润提出该学科的主要研究对象为“一带一路”实践中沿线国家形成的新型国际分工合作关系，并进一步强调“一带一路”经济学的理论体系，应包括“一带一路”经济学的理论基础、“一带一路”互联互通、“一带一路”协同发展、“一带一路”与新型全球化。陈伟光等认为“一带一路”经济学是

中国特色社会主义政治经济学的重要组成部分，分析了“一带一路”经济学创立的客观基础与理论渊源，并对“一带一路”经济学创立的基本路径与研究向度进行了初步规划。

关于“一带一路”倡议与马克思主义政治经济学的互动关系，董宇坤、白暴力认为“一带一路”倡议是马克思主义指导中国实践的创新，丰富和完善了马克思主义国际市场理论和全球化思想，为我国及相关国家增强经济实力、拓展市场空间、提高生产力水平提供了有效方式。杨志、秦臻回顾了“一带一路”倡议提出后四年的发展历程，解读“一带一路”倡议转化为沿线国家与地区建设的内在动力与合作机制，揭示出以新发展理念为特征的科学世界观如何转化为科学方法和创新实践，从而为“世界困惑”和“时代悖论”提出中国智慧和中国方案。张峰认为马克思恩格斯的国际交往理论对于中国更好地参与全球化、完善并有效地实施“一带一路”倡议，推动构建人类命运共同体，具有重要的现实意义。

关于世界体系的变迁与“一带一路”的历史定位，黄琪轩、李晨阳考察了世界历史上，四种曾经出现过的大国市场开拓模式，认为它们可以从不同角度为中国“一带一路”建设提供经验参考，指出中国的市场开拓需要避免前三类模式的困境，而优先开发国内市场则是中国“一带一路”倡议获得成功的重要基石。王生升、李帮喜通过考察世界体系变迁是周期性更迭还是历史性超越这一问题，认为“一带一路”是对资本主义体系积累周期的历史性超越，它真正致力于实现平等、互利、共赢的包容性发展。要实现这种历史性超越，就必须依托中国特色社会主义的制度优势，依靠有为政府和国有经济约束引导资本的逐利行为。

关于通过政治经济学方法讨论“一带一路”倡议在实施过程中面临的危机和挑战及其解决方案，韩保江、项松林讨论了“一带一路”倡议的供给与需求关系、博弈与风险、互信与共享等相关问题，认为虽然在战略价值上探讨中国与沿线国家需求与供给能力可以很好耦合，但在战略实施上依然面临诸多风险和挑战，需要在扩大战略互信和实现共享发展基础上，扩大彼此战略保障，以便确保“一带一路”倡议能取得更好发展。侯利民认为“一带一路”倡议涉及与世界主要大国之间的地缘政治经济互动与博弈，美国等国的战略回应会在一定程度上对中国的受益产生影响，甚至产生抵消，因此中国应积极与有关国家进行战略协调，为“一带一路”倡议的实施创造良好稳定的外部环境。

表 2－23　主题二十三最具影响力论文（按第一作者姓氏拼音排序）

序号	论文名称	第一作者	发表期刊	影响力指数
1	“一带一路”经济学的学科定位与研究体系	白永秀	《改革》	5.85
2	“一带一路”经济学创立及其诸多向度	陈伟光	《改革》	2.87
3	“一带一路”倡议的政治经济学分析——马克思主义政治经济学的丰富与发展	董宇坤	《陕西师范大学学报（哲学社会科学版）》	2.01
4	“一带一路”倡议的政治经济学分析	韩保江	《经济研究参考》	1.64
5	大国市场开拓的国际政治经济学——模式比较及对“一带一路”的启示	黄琪轩	《世界经济与政治》	5.61
6	中国特色开放型经济理论研究纲要	裴长洪	《经济研究》	11.34
7	是周期性更迭还是历史性超越？——从世界体系变迁透视“一带一路”的历史定位	王生升	《开放时代》	1.76
8	“一带一路”倡议是马克思主义中国化的伟大创新	杨志	《教学与研究》	1.09
9	经济全球化视阈中马克思主义经济学的发展	张雷声	《马克思主义研究》	2.23
10	马克思恩格斯的国际交往理论与“一带一路”建设	张峰	《马克思主义研究》	4.81

第三章　中国政治经济学最具影响力的学术载体（2016—2018）

本章进行中国政治经济学学术载体的影响力评价。学术载体包括学术机构和学术刊物两部分内容，学术载体影响力评价也是以期刊论文影响力作为文献计量依据的。具体来说，通过将学术机构在研究期内发表的政治经济学论文学术影响力进行加总，即得到该机构在政治经济学研究方面的学术影响力；通过将期刊在研究期内发表的政治经济学论文学术影响力进行加总，即得到该期刊在政治经济学研究方面的学术影响力。此外，本章还特别增加了七家“全国中国特色社会主义政治经济学研究中心”的学术影响力评价。

一、开展政治经济学研究的学术机构影响力评价

目前，政治经济学研究主要集中在高等学校、党校及社科院，因此，本报告将政治经济学研究机构分为四种类型进行评价，即综合类高校、财经类高校、党校及科研机构和其他类型机构。其中，综合类高校、财经类高校、党校和科研机构取影响力前十位，其他类型机构取影响力前五位（见表3－1至表3－4）。

在综合类高校中，中国人民大学和南开大学政治经济学研究的学术影响力指数超过100，领先于其他高校，此外，南京大学、西北大学、北京大

学、复旦大学、武汉大学等高校政治经济学研究的学术影响力指数超过50，体现出较强的研究实力。但是，也有一些国内知名的综合性大学，基本上不开展政治经济学研究，并未发挥其在学科建设方面的引领作用。

表3-1 综合类高校开展政治经济学研究的学术影响力

排序	机构	发文数量（篇）	影响力指数
1	中国人民大学	119	247.88
2	南开大学	32	115.55
3	南京大学	25	74.45
4	西北大学	30	73.72
5	北京大学	27	73.33
6	复旦大学	39	62.33
7	武汉大学	39	60.47
8	清华大学	22	37.41
9	辽宁大学	15	27.68
10	吉林大学	20	22.35

财经类高校政治经济学研究的影响力差距不大，西南财经大学和上海财经大学影响力指数超过30，河南财经政法大学、南京财经大学、吉林财经大学等地方财经类高校表现不俗。总体来看，财经类高校开展政治经济学研究的力度与该学科在经济学教学科研中的重要地位是不相称的，有不少财经类高校（甚至包括“211”高校）在统计期内（2016—2018）没有政治经济学学术成果，研究陷于停滞。

表3-2 财经类高校开展政治经济学研究的学术影响力

排序	机构	发文数量（篇）	影响力指数
1	西南财经大学	22	33.49
2	上海财经大学	26	32.86
3	河南财经政法大学	17	23.03

（续表）

排序	机构	发文数量（篇）	影响力指数
4	南京财经大学	14	20.87
5	吉林财经大学	13	15.41
6	山东财经大学	5	13.58
7	江西财经大学	9	12.67
8	广东外语外贸大学	5	12.19
9	贵州财经大学	10	8.78
10	重庆工商大学	3	8.61

在党校及科研机构中，中国社会科学院和中共中央党校的政治经济学学术影响力遥遥领先，特别是中国社会科学院影响力名列所有机构的第一位，体现出超强的政治经济学研究实力。但总的来看，地方党校和地方社科院政治经济学研究水平有待提高，政治经济学研究机构的多样化程度也还比较低。

表 3－3 党校及科研机构开展政治经济学研究的学术影响力

排序	机构	发文数量（篇）	影响力指数
1	中国社会科学院	116	253.02
2	中共中央党校	56	84.11
3	中共中央党史和文献研究院	12	16.26
4	上海市人民政府发展研究中心	2	12.97
5	上海社会科学院	13	12.42
6	广西人的发展经济学研究基地	6	8.07
7	中国宏观经济研究院	5	7.29
8	中共贵州省委党校	6	6.30
9	中共江苏省徐州市委党校	4	6.19
10	昆仑策研究院	2	5.31

在其他类型机构中，排名靠前的有中央民族大学、北京师范大学、陕

西师范大学、西安交通大学和中国人民解放军国防大学，但总体而言政治经济学研究的影响力不高。

表 3 -4　其他类型机构开展政治经济学研究的学术影响力

排序	机构	发文数量（篇）	影响力指数
1	中央民族大学	14	20.72
2	北京师范大学	13	16.93
3	陕西师范大学	8	15.95
4	西安交通大学	8	11.65
5	中国人民解放军国防大学	12	10.43

二、 刊载政治经济学论文的学术刊物影响力评价

将学术刊物分为综合类刊物、经济类刊物和马克思主义理论类刊物三种类型，并根据刊物发表政治经济学论文的总影响力和刊物发表政治经济学论文的数量两个维度进行评价。

在综合类刊物中，《中国社会科学》刊载政治经济学论文的学术影响力排名第一，《改革与战略》发文数量排名第一。《学习与探索》《河北经贸大学学报》等刊物在影响力和发文数量两个方面的表现都较好。入选影响力前五位的刊物还有《改革》《教学与研究》《人民论坛》等。（见表 3 -5）

表 3 -5　综合类刊物刊载政治经济学论文的学术影响力

按论文影响力排序			按论文数量排序		
序号	期刊	影响力指数	序号	期刊	发表论文数量（篇）
1	《中国社会科学》	54.94	1	《改革与战略》	58
2	《改革与战略》	50.86	2	《河北经贸大学学报》	25
3	《学习与探索》	48.35	3	《教学与研究》	20
4	《改革》	46.62	4	《学习与探索》	19
5	《河北经贸大学学报》	39.9	5	《人民论坛》	14

在经济类刊物中，《经济研究》刊载政治经济学论文的学术影响力排名第一，《当代经济研究》发文数量排名第一，《政治经济学评论》《经济纵

横》等刊物的表现也很出色。入选影响力前五位的刊物还有《经济学家》《上海经济研究》等。2016年后，长期以来政治经济学论文在学术期刊上难觅踪影的状况有所改变，一批坚持马克思主义研究导向的经济学刊物涌现出来。（见表3－6）

表3－6　经济类刊物刊载政治经济学论文的学术影响力

按论文影响力排序			按论文数量排序		
序号	期刊	影响力指数	序号	期刊	发表论文数量（篇）
1	《经济研究》	229.09	1	《当代经济研究》	68
2	《政治经济学评论》	111.26	2	《政治经济学评论》	45
3	《当代经济研究》	81.02	3	《经济纵横》	40
4	《经济学家》	72.82	4	《经济研究》	26
5	《经济纵横》	67.24	5	《上海经济研究》	23

在马克思主义理论刊物中，《马克思主义研究》刊载政治经济学论文的学术影响力排名第一，《毛泽东邓小平理论研究》发文数量排名第一。《马克思主义与现实》《思想理论教育导刊》等刊物在影响力和发文数量两个方面的表现都比较出色。入选影响力前五位的刊物还有《中国特色社会主义研究》《马克思主义理论学科研究》等刊物。（见表3－7）

表3－7　马克思主义理论类刊物刊载政治经济学论文的学术影响力

按论文影响力排序			按论文数量排序		
序号	期刊	影响力指数	序号	期刊	发表论文数量（篇）
1	《马克思主义研究》	72.29	1	《毛泽东邓小平理论研究》	47
2	《毛泽东邓小平理论研究》	53.37	2	《马克思主义研究》	44
3	《马克思主义与现实》	46.56	3	《马克思主义与现实》	23
4	《中国特色社会主义研究》	19.68	4	《思想理论教育导刊》	10
5	《思想理论教育导刊》	12.67	5	《马克思主义理论学科研究》	7

三、 全国中国特色社会主义政治经济学研究中心学术影响力评价

2016年以来，国内成立了一批“全国中国特色社会主义政治经济学研究中心”，它们是：中国社会科学院、中国人民大学、南开大学、南京大学、西南财经大学、吉林财经大学、福建师范大学。在本报告的样本统计期内，各中心在政治经济学研究方面呈现出较为明显的分化格局。

表3-8 全国中国特色社会主义政治经济学研究中心学术影响力评价（2016—2018）

排序	机构	影响力指数	发文数量（篇）
1	中国社会科学院	253.02	116
2	中国人民大学	247.88	119
3	南开大学	115.55	32
4	南京大学	74.45	25
5	西南财经大学	33.49	22
6	吉林财经大学	15.41	13
7	福建师范大学	9.06	8

第四章　中国政治经济学最具影响力的100篇学术论文（2016—2018）

本章展示了2016—2018年中国政治经济学学术影响力前100位的学术论文，并对这100篇论文进行了内容的简单介绍。共有68位作者的论文入选影响力前100位，这些论文发表在34本学术期刊上。在100篇论文中，发表于2016年的有62篇，2017年的有22篇，2018年的有17篇。在本章，我们还对100篇论文进行了内容概述。

表4－1　中国政治经济学最具影响力的100篇学术论文（2016—2018）

（按第一作者姓氏拼音排序）

序号	论文标题	第一作者	刊物	刊期	影响力指数
1	“一带一路”经济学的学科定位与研究体系	白永秀	《改革》	2017年第2期	5.85
2	从中国经济发展大历史和大逻辑认识新常态	蔡昉	《数量经济技术经济研究》	2016年第8期	5.31
3	政治经济学与唯物史观的内在关联	曹典顺	《中国社会科学》	2016年第10期	6.14
4	新时代我国经济高质量发展动力转换研究	陈昌兵	《上海经济研究》	2018年第5期	5.35
5	习近平新时代中国特色社会主义经济思想的逻辑主线与实践路径研究	陈健	《经济学家》	2018年第3期	3.88

（续表）

序号	论文标题	第一作者	刊物	刊期	影响力指数
6	对供给侧结构性改革的经济哲学和政治经济学分析	陈鹏	《马克思主义与现实》	2018 年第 3 期	3.86
7	马克思主义政治经济学理论体系多样化创新的原则和思路	程恩富	《中国社会科学》	2016 年第 11 期	5.85
8	供给侧结构性改革的马克思主义政治经济学分析	丁任重	《中国经济问题》	2017 年第 1 期	5.01
9	寻找供给侧结构性改革的理论源头	方福前	《中国社会科学》	2017 年第 7 期	8.61
10	生产关系调整是经济改革的决定性因素	方敏	《经济研究》	2016 年第 3 期	5.88
11	供给侧结构性改革的政治经济学	方敏	《山东社会科学》	2016 年第 6 期	4.81
12	国际价值、国际生产价格和利润平均化：一个经验研究	冯志轩	《世界经济》	2016 年第 8 期	3.86
13	推进供给侧结构性改革需要厘清的四个认识问题	高长武	《红旗文稿》	2016 年第 4 期	4.53
14	理论逻辑、实践逻辑与中国特色社会主义政治经济学	葛扬	《改革》	2016 年第 3 期	3.80
15	开拓当代中国马克思主义政治经济学的新境界	顾海良	《经济研究》	2016 年第 1 期	12.69
16	新发展理念的马克思主义政治经济学探讨	顾海良	《马克思主义与现实》	2016 年第 1 期	7.09
17	新发展理念与当代中国马克思主义经济学的意蕴	顾海良	《中国高校社会科学》	2016 年第 1 期	6.67
18	马克思经济学“术语的革命”与中国特色“经济学说的系统化”	顾海良	《中国社会科学》	2016 年第 11 期	12.69

（续表）

序号	论文标题	第一作者	刊物	刊期	影响力指数
19	正确认识和有效推动高质量发展	郭春丽	《宏观经济管理》	2018 年第 4 期	7.09
20	中国经济发展进入新常态的理论根据——中国特色社会主义政治经济学的分析视角	郭克莎	《经济研究》	2016 年第 9 期	11.44
21	长期经济增长的需求因素制约——政治经济学视角的增长理论与实践分析	郭克莎	《经济研究》	2017 年第 10 期	8.05
22	习近平新时代中国特色社会主义经济思想的源流和主线	韩保江	《改革》	2018 年第 3 期	4.33
23	中国特色社会主义政治经济学对西方经济学理论的借鉴与超越——学习习近平总书记关于中国特色社会主义政治经济学的论述	韩保江	《管理世界》	2017 年第 7 期	4.32
24	推动供给侧结构性改革必须加强供给侧宏观调控	何自力	《政治经济学评论》	2016 年第 2 期	4.04
25	以创新的理论构建中国特色社会主义政治经济学的理论体系	洪银兴	《经济研究》	2016 年第 4 期	14.44
26	进入新阶段后中国经济发展理论的重大创新	洪银兴	《中国工业经济》	2017 年第 5 期	8.92
27	《资本论》和中国特色社会主义经济学的话语体系	洪银兴	《经济学家》	2016 年第 1 期	7.95
28	以创新的经济发展理论阐释中国经济发展	洪银兴	《中国社会科学》	2016 年第 10 期	5.87
29	新时代中国特色社会主义政治经济学的发展	洪远朋	《经济研究》	2017 年第 11 期	6.81

（续表）

序号	论文标题	第一作者	刊物	刊期	影响力指数
30	习近平经济思想：当代马克思主义政治经济学的重大创新	胡鞍钢	《人民论坛》	2016 年第 1 期	6.13
31	试论社会主义市场经济理论的创新和发展	胡家勇	《经济研究》	2016 年第 7 期	9.16
32	国内共享发展若干问题研究述评	胡志平	《当代世界与社会主义》	2016 年第 4 期	6.13
33	大国市场开拓的国际政治经济学——模式比较及对“一带一路”的启示	黄琪轩	《世界经济与政治》	2016 年第 5 期	5.61
34	浅论建设现代化经济体系	黄群慧	《经济管理》	2018 年第 1 期	6.34
35	在发展实践中推进经济理论创新	黄泰岩	《经济研究》	2017 年第 1 期	7.17
36	市场经济只能建立在私有制基础上吗？——兼评公有制与市场经济不相容论	简新华	《经济研究》	2016 年第 12 期	9.28
37	中国特色社会主义经济理论的重大成果和新时代的创新和发展	简新华	《经济研究》	2017 年第 12 期	5.93
38	关于“高质量发展”的经济学研究	金碚	《中国工业经济》	2018 年第 4 期	22.06
39	马克思劳动价值论的现实意义及理论启示	金碚	《中国工业经济》	2016 年第 6 期	9.14
40	基于价值论与供求论范式的供给侧结构性改革研析	金碚	《中国工业经济》	2017 年第 4 期	8.19
41	“亚细亚生产方式”再探讨——重读《资本主义生产以前的各种形式》的思考	李根蟠	《中国社会科学》	2016 年第 9 期	4.86

（续表）

序号	论文标题	第一作者	刊物	刊期	影响力指数
42	马克思主义中国化政治经济学的最新成果——十八届五中全会的重大理论贡献	李君如	《理论与改革》	2017 年第 1 期	6.88
43	政治经济学的新境界：从人的全面自由发展到共享发展	李雪娇	《经济学家》	2016 年第 12 期	5.89
44	绿色发展的制约因素及其路径拿捏	李雪娇	《改革》	2016 年第 6 期	5.25
45	坚持马克思主义的根本是坚持马克思的方法论原则	林岗	《经济研究》	2016 年第 3 期	6.88
46	共享发展的政治经济学解读	刘凤义	《中国特色社会主义研究》	2016 年第 2 期	6.73
47	中国特色社会主义政治经济学原则与供给侧结构性改革指向	刘凤义	《政治经济学评论》	2016 年第 2 期	5.38
48	中国经济学如何研究共享发展	刘凤义	《改革》	2016 年第 8 期	4.73
49	在马克思主义与中国实践结合中发展中国特色社会主义政治经济学	刘伟	《经济研究》	2016 年第 5 期	10.80
50	习近平新时代中国特色社会主义经济思想的内在逻辑	刘伟	《经济研究》	2018 年第 5 期	8.18
51	中国经济改革对社会主义政治经济学根本性难题的突破	刘伟	《中国社会科学》	2017 年第 5 期	8.11
52	坚持新发展理念，推动现代化经济体系建设——学习习近平新时代中国特色社会主义思想关于新发展理念的体会	刘伟	《管理世界》	2017 年第 12 期	5.73

（续表）

序号	论文标题	第一作者	刊物	刊期	影响力指数
53	建设现代化经济体系：新时代经济建设的总纲领	刘志彪	《山东大学学报（哲学社会科学版）》	2018 年第 1 期	5. 16
54	中国经济改革的实践丰富和发展了马克思主义政治经济学	吕政	《中国工业经济》	2017 年第 10 期	6. 25
55	复杂劳动还原与产品的价值决定：理论和数理的分析	孟捷	《经济研究》	2017 年第 2 期	7. 69
56	非均衡与平均利润率的变化：一个马克思主义分析框架	孟捷	《世界经济》	2016 年第 6 期	5. 36
57	复杂劳动还原与马克思主义内生增长理论	孟捷	《世界经济》	2017 年第 5 期	4. 38
58	经济发展新常态中的主要矛盾和供给侧结构性改革	逄锦聚	《政治经济学评论》	2016 年第 2 期	16. 79
59	中国特色社会主义政治经济学的民族性与世界性	逄锦聚	《经济研究》	2016 年第 10 期	10. 15
60	马克思生产、分配、交换和消费关系的原理及其在经济新常态下的现实意义	逄锦聚	《经济学家》	2016 年第 2 期	6. 70
61	构建和发展中国特色社会主义政治经济学的三个重大问题	逄锦聚	《经济研究》	2018 年第 11 期	6. 64
62	中国特色社会主义政治经济学论纲	逄锦聚	《政治经济学评论》	2016 年第 5 期	6. 50
63	把握“根”与“魂”开拓新境界	逄锦聚	《中国社会科学》	2016 年第 11 期	4. 86
64	论创新驱动——马克思主义政治经济学的分析视角	裴小革	《经济研究》	2016 年第 6 期	9. 37

（续表）

序号	论文标题	第一作者	刊物	刊期	影响力指数
65	中国特色开放型经济理论研究纲要	裴长洪	《经济研究》	2016 年第 4 期	11.34
66	国有企业混合所有制改革：动力、阻力与实现路径	綦好东	《管理世界》	2017 年第 10 期	10.16
67	唯物史观、动态优化与经济增长——兼评马克思主义政治经济学的数学化	乔晓楠	《经济研究》	2017 年第 8 期	7.36
68	马克思主义政治经济学对于供给侧结构性改革的现实指导意义	邱海平	《红旗文稿》	2016 年第 3 期	8.17
69	供给侧结构性改革必须坚持以马克思主义政治经济学为指导	邱海平	《政治经济学评论》	2016 年第 2 期	7.38
70	新时代我国高质量发展评判体系的构建及其转型路径	任保平	《陕西师范大学学报（哲学社会科学版）》	2018 年第 3 期	8.91
71	新时代中国经济从高速增长转向高质量发展：理论阐释与实践取向	任保平	《学术月刊》	2018 年第 3 期	6.25
72	习近平国有经济思想研究略论	宋方敏	《政治经济学评论》	2017 年第 1 期	3.82
73	习近平新时代中国特色社会主义思想的理论创新研究述论	孙建华	《毛泽东邓小平理论研究》	2018 年第 8 期	4.51
74	习近平经济思想与中国特色社会主义政治经济学构建	王东京	《管理世界》	2017 年第 11 期	3.99
75	论中国特色社会主义政治经济学理论来源	王立胜	《经济学动态》	2016 年第 5 期	7.29
76	中国特色社会主义政治经济学的历史逻辑	王立胜	《政治经济学评论》	2016 年第 4 期	3.91

（续表）

序号	论文标题	第一作者	刊物	刊期	影响力指数
77	马克思主义政治经济学是坚持和发展马克思主义的必修课	王伟光	《经济研究》	2016 年第 3 期	8.94
78	按劳分配原则中国化的探索历程——经济思想史视角的分析	魏众	《经济研究》	2016 年第 11 期	7.64
79	中国特色社会主义政治经济学与供给侧结构性改革理论逻辑	肖林	《科学发展》	2016 年第 3 期	10.20
80	用马克思主义政治经济学指导供给侧结构性改革	谢地	《马克思主义与现实》	2016 年第 1 期	10.06
81	危机后一般利润率下降规律的表现、国别差异和影响因素	徐春华	《世界经济》	2016 年第 5 期	5.40
82	中国特色社会主义政治经济学的理论溯源和生成背景	杨承训	《毛泽东邓小平理论研究》	2016 年第 2 期	3.94
83	社会主义政治经济学的“中国特色”问题	杨春学	《经济研究》	2016 年第 8 期	9.02
84	论公有制理论的发展	杨春学	《中国工业经济》	2017 年第 10 期	6.52
85	实体经济困境与思考——一个平均利润率趋向下降规律的分析	杨善奇	《世界经济》	2016 年第 8 期	3.94
86	五大发展理念：中国特色社会主义政治经济学的重要拓展	易森	《财经科学》	2016 年第 4 期	5.92
87	供给侧结构性改革中的马克思主义政治经济学	余斌	《河北经贸大学学报》	2016 年第 5 期	3.85
88	以中国特色社会主义政治经济学指导“供给侧结构性改革”	张晨	《政治经济学评论》	2016 年第 2 期	4.49

（续表）

序号	论文标题	第一作者	刊物	刊期	影响力指数
89	马克思恩格斯的国际交往理论与“一带一路”建设	张峰	《马克思主义研究》	2016 年第 5 期	4.81
90	农村土地“三权分置”与新型农业经营主体培育	张广辉	《经济学家》	2018 年第 2 期	4.05
91	对新时代中国特色社会主义现代化经济体系建设的几点认识	张俊山	《经济纵横》	2018 年第 2 期	4.12
92	社会主义劳动力再生产及劳动价值创造与分享——理论、证据与政策	张平	《经济研究》	2016 年第 8 期	7.96
93	习近平精准扶贫思想探析	张赛群	《马克思主义研究》	2017 年第 8 期	3.83
94	论公有制与市场经济的有机结合	张宇	《经济研究》	2016 年第 6 期	12.61
95	社会主义政治经济学的历史演变——兼论中国特色社会主义政治经济学的历史贡献	张宇	《中国特色社会主义研究》	2016 年第 1 期	5.48
96	关于中国特色社会主义政治经济学的若干问题	张宇	《国家行政学院学报》	2016 年第 2 期	4.27
97	唯物史观的精神内核及其生成逻辑	赵义良	《中国社会科学》	2016 年第 7 期	5.12
98	“互联网+”推动的农业生产方式变革——基于马克思主义政治经济学视角的探究	周绍东	《中国农村观察》	2016 年第 6 期	6.05
99	时代呼唤中国经济学话语体系	周文	《经济研究》	2016 年第 3 期	6.33
100	中国特色社会主义政治经济学：渊源、发展契机与构建路径	周文	《经济研究》	2018 年第 12 期	6.24

1.《“一带一路”经济学的学科定位与研究体系》

第一作者：白永秀

期刊：《改革》

时间：2017 年第 2 期

“一带一路”经济学既是一门新兴学科，又是一门综合学科，其最主要的邻近学科可被归类为政治经济学、国际经济学、区域经济学和发展经济学。它是在推动新型全球化的背景下提出的，以“一带一路”实践中沿线国家形成的新型国际分工合作关系为研究对象，以基于互联互通的“一带一路”协同发展为研究主线。“一带一路”经济学的理论体系，包括“一带一路”经济学的理论基础、“一带一路”互联互通、“一带一路”协同发展、“一带一路”与新型全球化。其中，互联互通是实现“一带一路”协同发展的基础，而“一带一路”协同发展是新型全球化的重要推力。协同发展注重整体效应，通过建立微观、中观、宏观三个层面的协同发展机制，可以形成沿线各国的发展合力，产生协同效应，发达国家和发展中国家都能从中获益。新型全球化，是对以往经济全球化的“扬弃”，即更加注重克服以往经济全球化中产生的问题，通过不断完善全球经济治理，调整发达国家和新兴大国以及广大发展中国家的关系、政府和市场关系，更好地发挥经济全球化的“正能量”。互联互通是“一带一路”协同发展的基础；而新型国际分工合作关系产生于“一带一路”互联互通和协同发展，是新型全球化中国际关系的重要内容；协同发展既是“一带一路”的内在要求，也是新型全球化的必然趋势，“一带一路”协同发展有助于推动新型全球化。

2.《从中国经济发展大历史和大逻辑认识新常态》

第一作者：蔡昉

期刊：《数量经济技术经济研究》

时间：2016 年第 8 期

中国经济发展进入的新常态，既不是一种中短周期波动表现，也不是任何已知的经济长周期现象，而是中国经济发展长期过程的一个新阶段，是中华民族伟大复兴途中一个重要的里程碑。从这个长期的、历史的大视角认识新常态，以其作为经济发展跨阶段的大逻辑引领新常态，需要从供给侧寻找经济增长减速的因素，找准结构性改革的关键领域，对改革推进的方式做出恰当选择，进而赢取改革红利。借此，中国经济通过挖掘传统增长动能的潜力和开启新的增长源泉，就可以实现长期可持续的中高速增长。作为学习习近平总书记关于经济发展新常态的系列讲话精神的体会，本文把中国经济发展正在经历的阶段性变化，分别置于三个视野中进行观察。第一，从中国发展的长期历史过程看，新常态是中国发展由盛到衰再到盛的一个历史阶段，认识到这一点有助于我们保持应有的历史耐心和政策定力。第二，从中国经济发展的逻辑着眼认识新常态，进一步增强了转变发展方式和实现增长动能转换的紧迫性。第三，与世界经济呈现的“新平庸”不同，中国经济增长仍然具有巨大的潜力，可以通过供给侧结构性改革实现中高速增长。供给侧结构性改革的针对性和目标，就是通过消除生产要素供给能力和配置效率以及全要素生产率提高的体制性障碍，消除经济运行中不平衡、不协调和不可持续的因素，一方面挖掘传统增长动能的潜力，另一方面开启新的可持续增长动能。可见，供给侧结构性改革是经济发展新常态这个大逻辑下的必然选择。

3.《政治经济学与唯物史观的内在关联》

第一作者：曹典顺

期刊：《中国社会科学》

时间：2016 年第 10 期

政治经济学的出场必然内含着唯物史观的在场，唯物史观的出场必然唤起政治经济学的在场。本文以政治经济学与唯物史观的问题意识为主线，以唯物史观的形成、运用为脉络，以政治经济学介入唯物史观的探索为主题，试图澄清政治经济学与唯物史观的内在关联。从唯物史观萌芽阶段开始，政治经济学与唯物史观就存在着内在的关联，即“问题关联”。处在萌芽阶段的唯物史观与政治经济学的内在关联是指政治经济学问题反思与唯物史观的初步提出，或者说，马克思通过对相关政治经济学研究的问题的反思，得出了在现实生活世界起作用的是唯物主义而不是唯心主义的结论。在唯物史观出场阶段，政治经济学与唯物史观内在关联的本质则转变为“理论关联”。所谓政治经济学与唯物史观的理论关联，就是指马克思通过政治经济学批判和唯物史观出场，实现了政治经济学与唯物史观的逻辑兼容，即政治经济学理论不能违背唯物史观逻辑，唯物史观理论能够解释政治经济学逻辑。在唯物史观在场阶段，政治经济学与唯物史观内在关联的本质则转换为“实践关联”，即政治经济学介入唯物史观的形式由政治经济学批判转化为服务于社会建设的政治经济学基本原理或基本规律的建构。所谓政治经济学与唯物史观的实践关联，就是指马克思自觉运用唯物史观的基本原理去建构亦称为唯物史观的政治经济学的基本原理，换言之，政治经济学已内化在唯物史观之中，唯物史观已蕴含政治经济学。综上所述，政治经济学与唯物史观的内在关联经历了相互交织的问题关联、理论关联和实践关联三个内在关联阶段。

4.《新时代我国经济高质量发展动力转换研究》

第一作者：陈昌兵

期刊：《上海经济研究》

时间：2018 年第 5 期

中国经济发展进入了新时代，这是我国经济发展新阶段特征的必然反映，为了保证可持续发展实现两个百年目标，这就要求我国经济着重于高质量发展。高质量发展的含义丰富，但其根本在于提高劳动生产率和全要素生产率。新时代提高劳动生产率和全要素生产率根本在于将原有的依赖于自然、劳动力资源和资本投资为主的发展方式，向人力资本积累和技术创新驱动增长方式转型，这就要求我们积极探寻新时代下我国经济结构升级和动力转换方式。增长理论就是不断探索发展根本动力，发展根本动力在于创新。由我国产业结构及产业发展的动力演变可知，我国第一产业、第二产业和第三产业分别充当主导动力产业，在不同产业发展阶段，其增长的动力是不一样的，它们都是由物质资本、劳动力等投入要素向创新演变。进入新时代，我国第一、第二和第三产业的发展动力已转换到创新上，创新将是新时代我国高质量发展的动力。在创新驱动下，我国将由依靠要素投资和牺牲环境为主发展，转型升级为服务业升级和高端制造业发展、深度城市化和技术创新。高质量发展的动力转换在于培育以创新驱动为核心的增长新动力，不断提升经济增长的质量和效率，保持我国经济健康稳定发展，实现两个百年目标。为了顺利完成新时代我国经济高质量发展的动力转换，本文提出了坚持企业在创新中的主体地位、推动以科技创新为核心的全面创新、提高全要素生产率的高质量发展等建议。

5.《习近平新时代中国特色社会主义经济思想的逻辑主线与实践路径研究》

第一作者：陈健

期刊：《经济学家》

时间：2018 年第 3 期

党的十八大以来，新一届党中央立足世情、国情和新时代新特点，提出了一系列关于经济发展的新思想新论断，丰富和发展了中国特色社会主义政治经济学学科体系，形成了习近平新时代中国特色社会主义经济思想。作为习近平新时代中国特色社会主义思想的重要组成部分，习近平新时代中国特色社会主义经济思想的重要性不言而喻，因此有必要深化研究。基于此，应通过分析精准定位其逻辑主线，即“以人民为中心”这一逻辑主线，通过对其“以人民为中心”这一逻辑主线的分析，进而分析这一思想形成的现实依据，即“以人民为中心”是党的根本政治立场，人民对美好生活的向往是党的根本努力目标，人民群众是党最可信赖的最根本的依靠力量，以及人民的满意度、获得感是中国共产党的根本评判标准。同时通过对这一经济思想“以人民为中心”的逻辑主线和现实依据的分析，精准地构建“以人民为中心”这一逻辑主线的实践路径：一是基于“以人民为中心”的立场不断丰富和完善发展的体制机制；二是基于“以人民为中心”的发展思想完善基本经济制度；三是基于“以人民为中心”的立场完善我国现代化经济治理体系；四是基于“以人民为中心”的发展思想改革和完善共享共富的实践路径。这一思想对中国新时代新特点的精准分析和精准把脉，科学地践行了中国共产党的宗旨，即在经济发展中围绕“以人民为中心”的发展导向，通过在经济发展中践行“以人民为中心”的发展思想，不断对现实存在的贫富差距较大、区域发展不均衡、城乡发展不平衡等民生问题进行求解。

6.《对供给侧结构性改革的经济哲学和政治经济学分析》

第一作者：陈鹏

期刊：《马克思主义与现实》

时间：2018 年第 3 期

供给侧结构性改革思想是习近平新时代中国特色社会主义思想的重要组成部分，具有深厚的马克思主义意蕴：马克思主义哲学是其哲学基础和前提，马克思主义政治经济学为其提供了理论原理和基本指导，中国特色社会主义政治经济学决定了其具体内容和实践抓手。作为中国特色社会主义政治经济学的重要组成部分，供给侧结构性改革具有深刻的马克思主义经济哲学内涵，是对马克思主义政治经济学的坚持和发展。供给侧结构性改革是马克思主义哲学、马克思主义政治经济学、中国特色社会主义政治经济学精华的汇聚点，抓住了中国发展问题的关键，提供了针对性解决路径，对中国甚至世界生产方式的未来发展都具有深远意义。供给侧结构性改革广泛涉及生产力和生产关系要素，突出了人民群众的历史主体地位，体现了紧扣需要与社会生产方式矛盾的实践观、辩证历史唯物主义发展观、先进因素领导的具体结合方法论、两点论和重点论相统一的马克思主义哲学世界观和方法论。供给侧结构性改革源于马克思主义政治经济学供需关系理论，扬弃了西方经济学供给侧管理思想，在促进生产力发展和优化社会主义生产关系两方面推进了马克思主义政治经济学的与时俱进。供给侧结构性改革的实质是发展社会主义先进生产方式，为人民的需要服务。未来阶段供给侧结构性改革需要在市场和政府的双重调节下，突出改革的社会主义性质，推进微观经济层面劳动组织过程的创新，建立社会主义供给侧经济统一战线，同时积极引导需求侧发展，督促虚拟经济更好地为实体经济服务。供给侧结构性改革，既强调供给又关注需求，既突出发展生产力又注重完善生产关系，既发挥市场的决定性作用又更好地发挥政府作用，既着眼当前又立足长远。供给侧结构性改革的理论基础是马克思主义政治经济学在当代的最新发展——中国特色社会主义政治经济学。正确理解和把握供给侧结构性改革的大前提是马克思主义经济哲学和以人民的需要为本的实践逻辑。我们需要坚定“四个自信”，以五大发展理念引领供给侧结构性改革，更好地满足人民日益增长的美好生活需要。通过增强供给结构对需求变化的适应性和灵活性，不断让新的需求催生新的供给，让新的供给创造新的需求，在互相推动中实现经济发展。

7.《马克思主义政治经济学理论体系多样化创新的原则和思路》

第一作者：程恩富

期刊：《中国社会科学》

时间：2016 年第 11 期

改革开放以来，中国的马克思主义政治经济学及其理论体系，注重提炼和总结中国经济发展的丰富经验与世界经济的新变化，为坚持和发展马克思主义经济理论，作出了重要贡献，呈现出多样化格局。经过 30 多年的探索，中国的马克思主义政治经济学主要理论体系的构建大致有以下几种：一是两大类的政治经济学体系，即资本主义部分和社会主义部分；二是三篇结构的政治经济学体系，这种体系先设政治经济学的一般原理篇，集中阐述基本范畴、原理和观点，再设资本主义经济、社会主义经济两篇；三是四篇结构的政治经济学体系，主要由商品经济、经济制度、经济运行、经济发展四篇构成；四是六篇结构的政治经济学体系，主要分为社会生产过程、社会经济制度、微观经济运行、社会经济发展、宏观经济运行、国际经济关系六部分。此外，为了进一步完善和创新21世纪马克思主义政治经济学的多样化理论体系，使其尽量符合科学化、时代化和中国化的要求，可考虑确立以下若干学术原则和思路。第一，应科学地借鉴西方主流经济学体系结构的某些思路，而不宜进行简单的混合式模仿；第二，应综合把握马克思的《政治经济学》“六册计划”与《资本论》“四卷结构”之间的辩证发展关系，而不宜将二者相互对立；第三，应尽快构建广义政治经济学体系，而不宜只着眼于仅完善市场经济的政治经济学；第四，可按照不同的叙述方法，分别谋划政治经济学体系的不同建构，以利于比较研究，而不宜单一化；第五，应完整地构建在方法和原理上分层递增的政治经济学体系，而不宜专题化；第六，应严密构建起始范畴与主线理论逻辑自洽的政治经济学体系，而不宜随意化。

8.《供给侧结构性改革的马克思主义政治经济学分析》

第一作者：丁任重

期刊：《中国经济问题》

时间：2017年第1期

从经济学的角度来说，拉动经济增长的“三驾马车”是投资、消费、出口，一般称为“需求侧”，与之相对应的是“供给侧”，是指生产要素的有效供给和有效作用。在马克思主义视角下，供给和需求具有同一性，需求决定供给，供给创造需求。基于此辩证关系，中共中央提出了供给侧结构性改革。这一提法与西方供给学派不是一回事，我国的供给侧结构性改革并不是简单摒弃宏观需求管理，它超越并丰富了西方供给理论。本文基于马克思主义视角，寻找当下我国供给侧结构性改革的理论基础，厘清供给与需求或生产与消费的辩证统一关系，从制度基础、政市关系以及经济背景三大方面分析其与西方供给经济学的区别，并从供需结构、经济结构、具体产品以及制度设计四个角度详细分析了我国经济面临的结构性问题：既存在总需求不足与需求转移外溢并存的供需间不对称，也存在有效供给不足与相对过剩并存的供需内部不对称；三次产业结构有所优化，但改善的空间依然较大；传统产品供给过剩，以需求为核心、精益求精的新兴产品供给不足；供给端质量安全制度建设的滞后加剧结构失衡。理论上，我国的供给侧结构性改革尤其注重协调政府与市场的关系，力争在市场经济发展过程中实现二者的辩证统一，这超越并丰富了西方供给理论。现实中，我国的供给侧结构性改革着力通过供给端的变革发力，化解经济发展中的结构性矛盾，改造“旧动能”，壮大“新动能”，提高潜在的增长率，确保经济持续稳定增长。因此，要加快推进供给侧结构性改革，应树立正确的宏观调控思路，需求与供给两侧同时发力；做好加减乘除法，优化经济结构；正视投资与转型的关系，增投资与调结构并举；多角度推进科技创新，全力培育供给新优势；以多元化改革为抓手，优化供给端的制度环境。其中，优化经济结构是供给侧结构性改革的关键与核心。

9.《寻找供给侧结构性改革的理论源头》

第一作者：方福前

期刊：《中国社会科学》

时间：2017 年第 7 期

供给侧结构性改革理论是在供给理论的基础上，研究如何通过经济体制改革、经济结构调整和优化，促进总供给能力增长、总供给质量提高，以及总供给在规模和结构上与总需求相适应、相匹配的问题。研究一个经济的总供给能力（产能）及其增长之决定因素的理论，即为（总）供给理论。供给侧结构性改革理论与供给理论有联系、有交叉，但是供给理论不等于就是供给侧结构性改革理论。供给理论的核心是总供给能力由哪些因素决定，供给侧结构性改革的核心是研究如何通过改革来改善总供给结构、提高总供给的能力和质量。供给理论和供给侧结构性改革的理论源头，是历来重视供给的英法古典经济学，而不是其后企图否认会出现经济危机的萨伊及萨伊定律。马克思深化了供给理论，认为生产（供给）结构和产品（收入）分配结构取决于生产关系的性质和结构，这个思想对我国的供给侧结构性改革尤其具有指导意义。美国供给学派的可借鉴之处主要是供给改革和供给管理的一些政策主张，如减税、减少政府干预和重建市场机制等政策建议。我国的供给侧结构性改革既需要借鉴包括古典经济学在内的思想资源，更需要马克思经济学供给理论的引导，从而结合中国实际创新具有中国特色的社会主义供给理论，在此基础上设计一套针对中国经济问题症结的结构性改革方案和政策组合。

10.《生产关系调整是经济改革的决定性因素》

第一作者：方敏

期刊：《经济研究》

时间：2016 年第 3 期

中国特色社会主义政治经济学是以马克思主义政治经济学的基本原理和方法论为基础、以当代中国的发展改革实践为依据建立的当代中国马克思主义政治经济学。它的形成与发展和中国特色社会主义经济建设与改革实践密不可分。改革的基本任务是按照解放和发展生产力的要求调整生产关系，推动生产关系与生产力、上层建筑与经济基础相适应。改革的性质和任务凸显了马克思主义政治经济学的理论指导地位。从改变旧的不合理的生产关系、建立新的生产关系的角度看，改革具有革命性；从改革是为了发展生产力、增加人民福祉的角度来讲，改革具有建设性。改革不仅打破了传统体制，也实现了当代中国马克思主义政治经济学的发展和创新，既否定了新自由主义经济学把市场经济等同于资本主义的传统，又突破了

"斯大林模式"下把社会主义等同于计划经济的传统；既没有盲目地推崇私有化，也没有片面地强调市场化，而是通过改革寻求适应市场经济要求的公有制新型结构和实现形式，实现社会主义基本经济制度与市场经济相结合。回顾过去的经济改革可以看到，深层次的重大改革无一不是在中国特色社会主义政治经济学的理论指导下，按照生产力发展要求对基本生产关系进行调整。如关于我国经济发展进入新常态的理论，关于新的发展理念的理论，关于发展社会主义市场经济、使市场在资源配置中起决定性作用和更好发挥政府作用的理论等，这些理论成果是马克思主义政治经济学基本原理与改革开放新实践相结合的产物，成为我国在新的历史起点上的经济发展和改革实践的指导思想。这进一步表明，中国特色社会主义政治经济学是指导中国经济改革的理论基础，生产关系调整是经济改革的决定性因素。

11.《供给侧结构性改革的政治经济学》

第一作者：方敏

期刊：《山东社会科学》

时间：2016年第6期

供给侧结构性改革命题蕴含在建设中国特色社会主义市场经济的基本命题之中，其理论基础也必然蕴含在中国特色社会主义政治经济学的理论体系之中，并能为中国改革发展实践的过去和未来提供一致的解释力。因此，本文结合政治经济学的理论史和中国的经济改革史分析了供给侧结构性改革命题，从而一方面既能超越"供给经济学"或"供给学派"的狭隘视角，另一方面又能避免只是瞄准当前的改革实际，而忽视中国经济改革的一般逻辑和自身特色。对理论史的考察表明，供给侧结构性改革的理论基础包含两方面内容：一是生产（供给侧）是经济发展的决定性因素，改革必须以提高生产力为根本目标和检验标准。二是生产与消费的矛盾、总供给与总需求的矛盾是特定社会的经济结构和历史发展阶段的产物。对中国改革史的考察表明，中国特色的改革道路和改革方式具有鲜明的“供给侧改革”性质。新时期中国经济增长主要得益于改革开放释放的“改革红利”及其“供给侧效应”。推进供给侧结构性改革是我国经济发展进入新常态下的新一轮制度创新。改革的长期效应将为经济增长进一步创造有利条件，但是改革的短期效应可能表现为有效需求不足，中央提出推进供给侧结构性改革是我国经济发展主动适应新常态、引领新常态的重大战略布局，绝不是权宜之策，必须以“壮士断腕”的决心，坚定不移地推进供给侧改革，关键就是要处理好政府与市场的关系，防止政府尤其是地方政府采取有违供给侧结构性改革要求的需求侧刺激性政策。供给侧结构性改革与市场在资源配置中起决定性作用是一致的，而政府在推进供给侧结构性改革中具有不可推卸的责任，其中最重要的是通过体制改革和制度建设进一步释放“改革红利”，与此同时，必须要辩证地处理好供给侧结构性改革与适度扩大需求的矛盾。

12. **《国际价值、国际生产价格和利润平均化：一个经验研究》**

第一作者：冯志轩

期刊：《世界经济》

时间：2016 年第 8 期

本文试图在弥补由于数据的可获得性或对理论理解的问题所致的缺陷的基础上，利用更加丰富的数据资源，计算国际价值和国际生产价格，以验证在世界市场上起决定性作用的变量。文章的结构安排为：第一部分为引言。第二部分简要回顾 Morishima（1973）、Ochoa（1989）以及其他一些学者的工作，并讨论他们可能存在的失误。在很长一个时期，马克思的价值概念被认为是抽象的、不可计量的理论变量，而 Morishima（1973）的工作使学界改变了这种观念。通过扩展 Morishima-Ochoa 方法，利用国际投入产出数据库测算了世界市场上的国际价值和国际生产价格，得出国际生产价格是世界市场价格主要调节者的结论。与以往有关经验研究的结论不同，本文发现价值和生产价格对市场价格解释力相近的结论可能是不成立的。第三部分提出一个基于世界市场的价值和生产价格的计算方法，并对它们相对于市场价格的解释力进行验证。文章对调节资本长期均衡利润率进行了测算，证实世界市场上存在利润平均化趋势，从而支持了世界市场上国际生产价格主导市场价格的结论。第四部分引入 Shaikh（2008）的调节资本概念，并利用 Tsoulfidis 和 Tsaliki（2014）发展的调节资本均衡利润率测量方法，考察利润率平均化在国家和地区间是否真实存在，发现国际利润平均化主要发生在行业之间而非国家和地区之间，为不平等交换理论提供了支持。第五部分是一个简短的结论。本文通过修正 Morishima - Ochoa 方法并将其推广到国际范围，计算了国别价值、国际价值和国际生产价格，发现国际生产价格相对于国际市场价格更具有解释力。我们还考察了国家（地区）间的资本流动和利润平均化，发现国际范围的利润平均化在行业间确实发生了，而在国家（地区）之间没有。而我们对此的解释是，国际利润的平均化和生产价格的形成本质上是一个行业间的概念，并不依赖于国家（地区）之间的资本流动。这个结论有一个重要的引申意义：国际生产价格与国际价值之争在很大程度上是围绕是否存在“不平等交换”或存在何种形式的“不平等交换”而展开的。总而言之，国际生产价格在资本流动没有完全消除国家（地区）之间的利润率差距时就能够形成。因此国际生产价格带来的价值转移以及其对落后国家（地区）所造成的妨碍是可能的，也是现实的。

13.《推进供给侧结构性改革需要厘清的四个认识问题》

第一作者：高长武

期刊：《红旗文稿》

时间：2016 年第 4 期

自从中央提出推进供给侧结构性改革以来，如何做好供给侧结构性改革迅速成为理论界关注的焦点。本文认为，要准确领会这一概念的精神实质，需要厘清和回答好如下四个认识问题：其一，供给侧结构性改革与经济新常态的逻辑关系。概括地讲，就是形势与任务的因果关系。形势决定任务，只有认清了形势，才能制订出符合实际的任务和措施。经济新常态和供给侧结构性改革，就是党中央对我国当前经济发展面临的形势和任务而作出的科学判断和重要部署。推进供给侧结构性改革，是适应和引领经济发展新常态的重大创新，是适应我国经济发展新常态的必然要求。可以说，推进供给侧结构性改革，也就抓住了认识、适应和引领经济发展新常态的“牛鼻子”。其二，推进供给侧结构性改革是不是意味着实行需求紧缩或者放松需求管理？在适度扩大总需求和调整需求结构的同时，着力加强供给侧结构性改革。供给和需求是辩证统一的关系，二者紧密相连，在处理二者关系问题上，既要坚持两点论，又要坚持重点论，根据经济领域主要矛盾和矛盾的主要方面的变化，分清主次，着力解决好重点问题。其三，推进供给侧结构性改革是搞新的“计划经济”吗？坚持社会主义市场经济改革方向是走中国特色社会主义道路需要坚持的重要原则之一，推进供给侧结构性改革，其根本目的是进一步优化资源配置，更加注重使市场在资源配置中起决定性作用，通过进一步完善市场机制，矫正以前过多依靠行政配置资源带来的要素配置扭曲。由此可以看出，推进供给侧结构性改革，绝不是要搞新的“计划经济”，更不是回到计划经济的老路上去。其四，推进供给侧结构性改革能否照搬西方供给学派的主张？我们应该坚持的根本只能是马克思主义政治经济学，学习、研究和运用马克思主义政治经济学，这是由我国的社会制度和客观国情决定的。对西方经济学理论（包括凯恩斯主义、供给学派在内），我们当然要注意加强研究和学习，借鉴其有益成分，但要注意方式方法，不能不加鉴别地照搬照抄、食洋不化。总之，推进供给侧结构性改革，必须结合中国经济发展进入新常态的大背景，要坚持中国特色社会主义政治经济学的重大原则，坚持社会主义市场经济改革方向，既充分发挥市场对资源配置的决定性作用，又更好地发挥政府的作用，既重视供给侧，又关注需求侧，既借鉴西方经济学的有益成分，又坚持以我为主、为我所用。在这些方面，我们必须头脑清醒、思路清晰，切不可在一些关键的认识问题上不清不楚、糊里糊涂。

14.《理论逻辑、实践逻辑与中国特色社会主义政治经济学》

第一作者：葛扬

期刊：《改革》

时间：2016 年第 3 期

马克思主义政治经济学是一个逻辑严密、理论完整的科学体系，揭示了资本主义经济的内在矛盾，阐述了人类社会的经济发展规律，特别是市场经济的一般规律，在分析资本主义经济内在矛盾的同时，合乎逻辑地推导出了社会主义社会的基本特征和经济规律。马克思主义政治经济学理论逻辑是中国特色社会主义政治经济学理论之源，我国的改革开放和经济发展是在马克思主义政治经济学的理论逻辑指导下，把马克思主义政治经济学的基本理论和我国经济发展的实际结合起来，根据马克思主义政治经济学的基本理论，结合经济发展的实际，探索出一条社会主义经济发展道路，同时又在改革开放和经济发展的实践逻辑中不断概括、总结历史经验进而形成新的经济理论。中国特色社会主义政治经济学逐步形成理论化、体系化的重要成果，这是马克思主义政治经济学中国化的重要成果，也是马克思主义政治经济学的当代理论逻辑。中国特色社会主义政治经济学是开放、发展的理论体系，也是一个理论与实践循环往复的过程。用马克思主义政治经济学指导我国的经济实践，在指导我国的经济实践过程中实现马克思主义政治经济学的中国化，形成中国特色社会主义政治经济学，再用中国特色社会主义政治经济学指导我国的经济实践，并在指导我国的经济实践过程中创新和发展马克思主义政治经济学。简单地说，中国特色社会主义政治经济学是一个从理论逻辑到实践逻辑再到理论逻辑的过程，而马克思主义政治经济学中国化则是上述三个逻辑转化的必要路径。

15.《开拓当代中国马克思主义政治经济学的新境界》

第一作者：顾海良

期刊：《经济研究》

时间：2016 年第 1 期

当代中国马克思主义政治经济学立足于我国国情和社会主义经济改革的实践，是对这一实践中形成的规律性成果的揭示和提炼，是对这一实践中积累的经验和理性认识的升华，也是在对马克思主义政治经济学基本原理更为宽广视域的研究和运用中，赋予中国特色社会主义经济学以新的理论滋养，彰显马克思主义政治经济学的时代特色。当代中国马克思主义政治经济学的原创新性的和批判继承性的“术语的革命”，不仅成为中国政治经济学“系统化的经济学说”的“崭新的要素”，而且还成为当代马克思主义政治经济学中国话语和学术范式的显著标识。当代中国马克思主义政治经济学在发展中逐渐形成交流、交融、交锋等多种对待方式，既重于吸收和借鉴各种经济学理论的精华之处，又善于摒弃和批判其糟粕之处。马克思主义政治经济学不仅在其形成过程中而且在其发展和完善过程中，从来不拒绝吸收和借鉴西方主流经济学及其他各种经济学和流派有意义和有价值的理论观点，也从来不抹杀其中存在的学术价值。当代中国马克思主义政治经济学在决胜全面建成小康社会的经济发展进程中，有着多方面的新发展，蕴藏着“系统化的经济学说”创新的难得的历史机遇，要在新的实践中揭示新的特点，讲出“老祖宗”没有讲过的“新话”。习近平关于马克思主义政治经济学是坚持和发展马克思主义“必修课”、为马克思主义政治经济学新发展贡献“中国智慧”的思想，体现了对当代中国马克思主义政治经济学发展的新的要求。

16.《新发展理念的马克思主义政治经济学探讨》

第一作者：顾海良

期刊：《马克思主义与现实》

时间：2016 年第 1 期

以创新、协调、绿色、开放、共享为内容的新发展理念，是制定国民经济和社会发展“十三五”规划的指导思想和中心线索，也是马克思主义政治经济学基本原理与中国经济社会发展实际结合的新成果。在五大发展理念中，创新是引领发展的第一动力，协调是持续健康发展的内在要求，绿色是永续发展的必要条件，开放是国家繁荣发展的必由之路，共享是中国特色社会主义的本质要求。新发展理念在对“实现什么样的发展、怎样发展”问题新的回答中，凸显其马克思主义政治经济学的意蕴；新发展理念是对马克思主义政治经济学理论的当代运用和丰富，特别是对马克思恩格斯关于经济的社会发展理论和人的全面发展理论的当代阐释与现实应用；新发展理念直面中国经济社会发展的现实问题，以强烈的问题意识，致力于破解发展难题、增强发展动力、厚植发展优势，彰显了它的根本价值和理论活力所在，是当代中国马克思主义政治经济学的新成就和新境界。新发展理念以中国经济社会发展的重大实践和理论问题为导向，紧紧扣住中国经济社会的趋势性变化和阶段性特征，以显著的中国意识、中国智慧，对“实现什么样的发展、怎样发展”问题作出新的系统阐释。此外，习近平同志对新发展理念的系列阐述，不仅是“十三五”时期而且也是更长时期我国发展思想的深刻阐释，反映着我们党对中国特色社会主义经济社会发展规律的新认识，体现了当代中国马克思主义政治经济学的新的理论贡献。

17.《新发展理念与当代中国马克思主义经济学的意蕴》

第一作者：顾海良

期刊：《中国高校社会科学》

时间：2016 年第 1 期

新发展理念以中国经济社会发展的重大实践和理论问题为导向，紧紧扣住中国经济社会的趋势性变化和阶段性特征，对“实现什么样的发展、怎样发展”问题作出新的系统阐释。坚持问题导向，聚焦突出问题和明显短板，回应人民群众诉求和期盼，既是发展理念提出的主要方法，也是发展理念创新的基本立场。新发展理念不仅坚持问题导向，而且在“问题倒逼”中形成各发展理念互为一体、协同发力的总体发展理念。新发展理念置创新于首位，强调创新在培育发展新动力，形成促进创新的体制框架，塑造更多依靠创新驱动、更多发挥先发优势的引领型发展等方面的重要意义，彰显了马克思主义政治经济学中的创新思想，展示了中国特色社会主义政治经济学关于创新理论的新境界。协调发展理念，强调区域协同、城乡一体、物质文明和精神文明并重、在协调中拓展发展空间等，是对马克思《资本论》中关于社会化大生产中部门和部类之间协调发展理论的运用，也是对毛泽东在《论十大关系》提出的统筹协调经济社会发展思想的延续，拓宽了中国特色社会主义经济学关于协调理论的视野。绿色发展实际上就是人与自然之间物质变换中的和谐协调问题，是事关人类社会发展的根本问题，是对世纪之交中国生态文明建设实践的总结和理论探索的凝练，奠定了中国特色社会主义经济学生态经济理论的坚实基础。开放理念强调开创对外开放新格局、丰富对外开放内涵、提高对外开放水平、形成深度融合的互利合作的开放新格局等，是对中国改革开放理论的新概括，也是中国特色社会主义经济学关于国际经济关系和经济全球化理论的升华。共享理念强调共建共享相统一，注重机会公平，保障基本民生，实现全体人民共同迈进全面小康社会等，是对马克思主义经典作家关于社会主义生产目的和基本经济规律理论、人的自由而全面发展思想的继承，是对社会主义本质理论的重要发展，是对中国特色社会主义经济学理论视野的重要拓展。新发展理念集发展方向、发展目标、发展方式、发展动力、发展路径等为一体，是改革开放30多年来我国发展经验的深刻总结，反映着我们党对中国特色社会主义经济社会发展规律的新认识，体现了当代中国马克思主义政治经济学的新成就。

18.《马克思经济学“术语的革命”与中国特色“经济学说的系统化”》

第一作者：顾海良

期刊：《中国社会科学》

时间：2016 年第 11 期

本文以恩格斯对马克思经济学“术语的革命”的阐释为起点，引出其对当代中国特色“系统化的经济学说”建设及发展有着重要启示的论述，表明“术语的革命”应该成为中国特色社会主义政治经济学学术话语体系建设的重要内涵。文章首先解释了剩余价值、劳动二重性和工资这三个《资本论》“崭新的因素”作为马克思经济学“术语的革命”的标志性范畴，是理解马克思经济学学术话语体系的要旨；接着分析了马克思经济学“术语的革命”的基本特征和主要形式，得出了“术语的革命”对中国特色社会主义政治经济学的形成和发展有着重要的启示，同时也是形成中国特色社会主义政治经济学体系的主线和内在逻辑的论断；最后引出新发展理念这一“术语的革命”新境界，说明五大发展理念构成了全面建成小康社会的决战纲领和决胜攻略的核心内容与主导方向，是对“实现什么样的发展、怎样发展”问题作出的术语革命意义上的提炼和升华，成为中国特色社会主义政治经济学的主导理念和发展方向。

19.《正确认识和有效推动高质量发展》

第一作者：郭春丽

期刊：《宏观经济管理》

时间：2018 年第 4 期

从投入和产出、宏观和微观、供给和需求等角度看，近年来，我国经济发展已转向新的阶段，突出表现在经济发展质量出现积极变化、发展效率开始改善和发展动力正在转换等趋势性变化方面。但受深层次体制因素影响，仍然存在制约高质量发展的突出矛盾和问题，与人民日益增长的美好生活需要相比，与发达国家相比，质量变革仍有差距，效率变革仍存短板，动力变革仍缺后劲。党的十九大报告提出，我国经济已由高速增长阶段转向高质量发展阶段，正处在转变发展方式、优化经济结构、转换增长动力的攻关期。这一时期，资本报酬递减现象开始出现，靠大规模的政府主导型投资以保持经济增长速度的方式，不再具有可持续性。发展阶段转换亟待推进质量变革、效率变革、动力变革。这三大变革既是推动高质量发展的根本途径，也是实现高质量发展的重要标志，要实现高质量发展，应围绕这三大变革，推动要素投入和产品服务质量同步提高、宏观和微观效率同步改善、供给侧动力和需求侧动力同步转换。因此，要始终坚持质量第一、效益优先，以供给侧结构性改革为主线，按照“着眼投入产出同步、兼顾宏观微观、统筹供给需求”的思路，建立衡量高质量发展的指标体系，加快推动经济发展质量变革、效率变革和动力变革。

20.《中国经济发展进入新常态的理论根据——中国特色社会主义政治经济学的分析视角》

第一作者：郭克莎

期刊：《经济研究》

时间：2016 年第 9 期

党的十八大以来，以习近平同志为核心的党中央从我国经济建设的实际出发，根据国内国际经济运行的新趋势、新变化，在研究经济形势中将短期走势与长期趋势联系起来，提出我国经济发展进入新常态的重大判断，其根本依据是中国特色社会主义政治经济学的理论逻辑。从适应生产力发展阶段看，我国的工业化过程已进入后期阶段，经济增速、产业结构、发展方式、增长动力将发生较大变化，这些趋势性变化与新常态的主要特点是一致的。从遵循经济发展规律看，与我国条件相近的国家和地区在经历了经济长期高增长并进入一个较高收入阶段之后，都出现了以增长速度大幅回落为特征的重大转变，潜在增长率、增长因素、增长机制等内生性、长期性发展条件都发生了有规律的变化，其历史经验为我国判断新常态或新阶段提供了有益的佐证材料。从推进经济发展取向看，提出新常态的战略思想，也体现了坚持以人民为中心的发展理念，有利于保持中高速增长区间，持续提高城乡居民的收入水平；推动经济结构优化升级，更好地满足人民群众的新需要、新诉求；加强供给侧改革，促进增长动力转换，加快创新驱动发展。新常态理论作为中国特色社会主义政治经济学的一项重大理论创新成果，将被实践证明具有重要的理论地位和作用。本文认为，在未来一段时间，应更加重视以下几个方面：一是加强对新常态的重大问题研究，二是适时调整经济发展的长期战略，三是努力防范经济大幅波动的风险。

21.《长期经济增长的需求因素制约——政治经济学视角的增长理论与实践分析》

第一作者：郭克莎

期刊：《经济研究》

时间：2017 年第 10 期

本文围绕长期经济增长的需求制约，引入政治经济学的分析视角，对现代增长理论的缺失问题和增长阶段转变的国际经验进行分析，进而探讨中国经济增长的长期趋势和政策选择。现代增长理论忽略需求因素的制约，对经济现实缺乏解释力和应用性，面临实践过程中日益突出的挑战。日本、韩国和台湾地区经济发展阶段变化后长期增速大幅回落，主要是受到内需增长尤其是投资增速下行的影响。中国改革开放以来，经济高速增长主要是由需求扩张拉动的，经济进入新常态之后的长期增长趋势主要取决于内需增速的变化，影响需求长期增速的因素既有供给结构问题也有需求结构问题，长期增长政策应把供给侧结构性改革与需求侧结构性改革结合起来。推进需求侧结构性改革的主要取向是，根据中国经济进入新常态或发展阶段转变的趋势，有针对性地深化需求领域的体制改革，用改革的办法推动需求结构由过度依靠投资向主要依靠消费转变，持续提高最终消费率，并通过消费稳定增长拉动长期投资增长，不断拓展国内大市场，支持供给侧改革和产业结构调整升级，促进经济长期稳定增长。在影响经济增长的需求因素中，从表面和短期看最突出的因素是投资，但从实质和长期看最重要的因素是消费，只有消费需求稳定较快增长，投资增速才能稳定和可持续。因此，短期内适度扩大总需求的重点是实施好积极的财政政策和稳健的货币政策，引导市场预期，稳定投资增长；中长期政策重点是供给侧改革与需求侧改革并举，既依靠深化改革推进供给结构调整升级，提升全要素生产率和供给质量，又依靠深化改革推进需求结构调整优化，建立扩大内需特别是扩大消费的制度和机制。

22. 习近平新时代中国特色社会主义经济思想的源流和主线

第一作者：韩保江

期刊：《改革》

时间：2018 年第 3 期

习近平新时代中国特色社会主义经济思想是马克思主义政治经济学的最新拓展和中国特色社会主义政治经济学的最新成果，是马克思主义政治经济学发展的一次“新飞跃”，极大地开拓了马克思主义政治经济学的新境界。从实践维度来看，习近平新时代中国特色社会主义经济思想是在实践中形成的，是从我国经济发展进入新时代和社会主要矛盾发生新变化的事实出发的，它“形”于党的十八大之前习近平同志的个人经历和从政实践，“成”于党的十八大以来新时代中国特色社会主义经济建设的成功实践和理论归纳。从理论渊源来看，习近平新时代中国特色社会主义经济思想不仅充分继承了马克思主义政治经济学传统，科学运用马克思主义立场、观点和方法来看待和解决新时代中国发展所面临的新问题，而且传承了中国特色社会主义理论的核心要义，充分吸收和继承中国特色社会主义经济理论，同时注意汲取了中国传统文化的营养、当代资本主义经济发展的经验教训和西方经济学中的有益成果。从科学内涵来看，习近平新时代中国特色社会主义经济思想的基本理论框架是一个“1+7”的理论结构，即“一个新发展理念”和“七个坚持”有机结合，辩证统一，共同构成一个逻辑严密、环环相扣、内容丰富的完整思想体系。其中，新发展理念是习近平新时代中国特色社会主义经济思想的“灵魂”，是其最重要的理论内涵，同时把“坚持加强党对经济工作的集中统一领导”放到“七个坚持”之首，是习近平新时代中国特色社会主义经济思想最显著、最根本的理论特色。习近平新时代中国特色社会主义经济思想来源于新时代中国特色社会主义经济建设的生动实践，需要在决胜全面建成小康社会和全面建设现代化强国新实践中坚持和发展，以习近平新时代中国特色社会主义经济思想为指导，用好习近平新时代中国特色社会主义经济思想的立场、观点和方法。习近平新时代中国特色社会主义经济思想蕴含丰富的理论内涵，必须长期坚持、不断丰富发展。

23.《中国特色社会主义政治经济学对西方经济学理论的借鉴与超越——学习习近平总书记关于中国特色社会主义政治经济学的论述》

第一作者：韩保江

期刊：《管理世界》

时间：2017 年第 7 期

坚持和发展中国特色社会主义政治经济学，既要坚持好马克思主义政治经济学的指导地位，又要借鉴西方经济学的有益成分，更要从中国改革开放和社会主义现代化建设的伟大实践出发，切实提炼出既有中国特色又符合经济学逻辑的中国特色社会主义政治经济学“新范畴”和“新理论”。本文通过对改革开放以来我们党关于社会主义市场经济体制建立和中国特色社会主义经济建设等方面理论创新中曾经运用过的“西方经济学理论”的梳理，就市场经济一般理论、现代产权理论、政府规制与干预理论、经济增长与发展理论、按生产要素分配理论、国际经济学理论等重点方面，系统阐述了中国特色社会主义政治经济学理论对西方经济学有益成分的借鉴与超越。西方经济学理论在一定程度上对于我们研究中国改革发展以及社会主义市场经济的建立和完善具有重要借鉴意义。但是在借鉴西方经济学和发展中国特色社会主义政治经济学的过程中，我们既要保持开放包容的态度，积极借鉴西方经济学的有益成分，坚决摒弃其庸俗成分，避免照搬照抄，既要学习吸收西方经济学中具有普遍适用性的理论、概念和方法，又要紧密结合中国实际，尤其是要具有敏锐的“中国问题意识”，聚焦中国改革和发展的重大理论和现实问题，着力研究中国改革和发展中的重大理论和实践问题，提出能够体现中国立场、中国智慧、中国价值的理念、主张、方案。只有在比较、对照、批判、吸收、升华的基础上，才能真正构建起科学的中国特色社会主义政治经济学理论体系。

24.《推动供给侧结构性改革必须加强供给侧宏观调控》

第一作者：何自力

期刊：《政治经济学评论》

时间：2016 年第 2 期

本文首先指出需求侧管理是一种间接性宏观调控体制，指在宏观经济调控中主要通过财政和货币政策等经济手段对需求进行调控，靠需求的变动引导供给，以实现总供给和总需求的平衡。而供给侧管理则是一种直接性宏观调控体制，指在宏观经济调控中主要基于国民经济发展规划和相应的产业政策，通过经济的、行政的和法律的手段对供给进行直接调控，以实现总供给和总需求的平衡。发挥市场在资源配置中的决定性作用的同时，还应该更好地发挥政府的作用，二者不可偏废，表现在宏观调控上，就是在重视需求侧管理的同时，还应该重视供给侧管理，否则生产要素的不合理配置、供给与需求的结构性失衡在所难免。供给侧结构性改革涉及经济运行的方方面面，在宏观层面更好地发挥政府作用，提高供给侧管理水平，是供给侧结构性改革的重要内容之一，能否实现宏观调控体制创新和提高供给侧管理水平，决定着供给侧结构性改革的成败。

供给侧管理不同于美国供给学派和里根经济学以及传统的集中计划经济。供给侧管理是以社会主义市场经济为基础的，要体现社会主义市场经济的要求，即一方面要尊重企业的市场供给主体地位，充分尊重企业经营自主权，充分发挥市场在资源配置中的决定性作用，激发各类市场主体的创业、创新活力；另一方面要尊重和利用按比例发展规律，基于经济和社会发展规划，运用经济的、行政的和法律的手段对企业的投融资行为和生产行为从需求侧和供给侧两方面进行干预，确保社会总供给和总需求在结构上和总量上保持平衡。

目前我国经济运行总体状况是好的，但也面临一些新情况、新问题。这些问题不能单靠具有盲目性、滞后性、自发性弊端的市场去解决，也不能单靠具有间接性、诱致性、全局性和事后性特点的需求侧管理去解决，必须在发挥市场自发调节作用和政府需求侧宏观调控职能的同时，大力加强政府供给侧宏观调控职能。加强供给侧宏观调控是推进供给侧结构性改革的重要内容之一，必须在中国特色社会主义政治经济学的指导下进行。

25.《以创新的理论构建中国特色社会主义政治经济学的理论体系》

第一作者：洪银兴

期刊：《经济研究》

时间：2016 年第 4 期

中国特色社会主义政治经济学是当代中国的马克思主义政治经济学，在阶段性上的学科定位是：在生产关系上属于社会主义初级阶段的政治经济学，在生产力上属于中等收入发展阶段的政治经济学。中国特色社会主义政治经济学的对象扩展到生产力，其任务是建立关于解放、发展和保护生产力的系统性经济学说。基本经济制度和基本收入制度是社会经济制度的基本方面。这方面的系统性经济学说构成中国特色社会主义政治经济学的核心内容。中国的市场化改革推动了政治经济学的研究扩展到经济运行领域。社会主义市场经济理论的确立和演进，反映了中国特色社会主义政治经济学的理论进展。对供求关系转向需求侧和供给侧的体制及相应的改革分析，开拓了中国特色社会主义政治经济学研究的新空间。综上所述，理论来源于实践，中国特色社会主义经济建设的伟大实践取得了成功。其中，包括了经济制度、经济运行和经济发展等领域一系列重大理论创新，将这些成功实践和创新理论系统化就构成中国特色社会主义政治经济学的理论体系。这个理论体系是动态的。中国特色社会主义事业在发展中，新的实践及创新的理论会不断地丰富这个理论体系。

26.《进入新阶段后中国经济发展理论的重大创新》

第一作者：洪银兴

期刊：《中国工业经济》

时间：2017 年第 5 期

中国的经济发展需要以中国特色社会主义政治经济学来指导，经济发展理论包含在中国特色社会主义政治经济学之中。随着中国告别低收入发展阶段进入中等收入发展阶段，经济转向新常态，根据新发展理念，发展理论出现一系列的创新。相应地，要根据新发展理念改变传统的经济发展观，其中包括：发展任务由摆脱贫困转向使人民富裕，使人民获得更多公共财富，缩小贫富差距；发展引擎由外需转向内需，建立更高层次、更高效益的开放型经济；拉动增长的“三驾马车”中的主拉动力由投资转向消费，消费需求是最终需求，拉动潜力最大；释放活力的改革着力点由需求侧转向供给侧，培育发展新动能，去产能、去库存、去杠杆、降成本、补短板；经济增长所追求的原则由效率型转向包容型，解决低收入者问题，促进社会公平正义，由人民共享发展成果；经济发展路径由依靠物质资源投入转向依靠创新驱动，关键是推动科学和技术创新互动结合；经济发展战略由不平衡战略转向平衡战略，如四化协调发展、三次产业协调、城乡协调和补齐生态文明的短板；二元结构现代化路径由非农带动“三农”转向直面“三农”发展，在农业中引入科技和人力资本要素，依靠农民城镇化、城乡一体化发展；中国在全球经济中的地位由以比较优势融入全球化转向以竞争优势主导全球化，把技术进步和创新列为思考的重点，着力培育以技术、品牌、质量、服务为核心竞争力的新优势。

27.《〈资本论〉和中国特色社会主义经济学的话语体系》

第一作者：洪银兴

期刊：《经济学家》

时间：2016年第1期

建设中国特色社会主义政治经济学是构建中国特色哲学社会科学体系和学术话语体系的重要组成部分。既要坚持马克思主义的理论指导，又要用中国理论阐释中国实践，立足中国实践升华中国理论。理论经济学的话语体系包括经济学的范式和所使用的经济学范畴。中国特色社会主义政治经济学话语体系要以《资本论》提供的马克思主义经济学范式为基础。其中包括《资本论》中建立的系统的经济学范畴、阐述的经济学基本原理，对未来社会的预见和规定，某些在《资本论》中明确认为到未来社会中不再存在的经济范畴，而在社会主义初级阶段的实践中仍然起作用的经济范畴。中国特色社会主义政治经济学包含了马克思主义经济学中国化和时代化的话语，其创新和发展是马克思主义经济学范式和话语体系内的创新。其中包括：以生产力和生产关系的话语体系说明社会主义初级阶段及其基本经济制度；以商品经济和价值规律的话语体系说明社会主义市场经济；以生产关系和分配关系的话语体系说明社会主义初级阶段的分配制度；以发展生产力和扩大再生产的话语体系建立经济发展理论。上述这些创新的理论和话语不是凭空臆造的，而是基于马克思主义经济学的基本原理和分析工具，结合当代中国社会主义经济发展的实践所形成的科学认识，既有基本理论支撑，又能准确地反映客观现实，还同马克思主义经济学所指明的发展方向一致，从而保持了马克思主义经济学在我国经济改革和经济建设领域的指导思想的理论基础地位。

28.《以创新的经济发展理论阐释中国经济发展》

第一作者：洪银兴

期刊：《中国社会科学》

时间：2016 年第 10 期

当代中国经济面临的重大问题是发展问题。中国经济的发展需要马克思主义中国化的马克思主义政治经济学理论指导。对中国经济发展问题的研究，应包含在中国特色社会主义政治经济学理论体系之中，相应地解决三个方面的理论问题，由此形成中国特色的系统化经济发展新理论。第一，中国特色社会主义政治经济学的研究对象须包含经济发展问题；第二，经济发展理论的话语体系须符合马克思主义政治经济学的学术规范；第三，亟待从学理上系统总结改革开放以来中国社会主义现代化建设的丰富实践经验，回应我国进入中等收入发展阶段面临的重大发展问题。构建中国特色的经济发展理论学术体系和话语体系，主要涉及以下三个方面：首先是在马克思主义经济学的理论宝库中，发掘系统的生产力发展理论，使其成为经济发展理论建构的指导思想和方法论基础。其次是借鉴西方经济学的有益成分。发展中国家的经济发展问题是世界性问题，西方以发展中国家的经济发展为对象的发展经济学，以经济增长为对象的增长经济学，都不乏可为我所用的积极成果。再次是以中国的发展理论讲好中国故事，体现中国智慧。最后准确地回应中等收入阶段的重大发展问题，需要进行理论创新：一是经济中高速增长的可持续性问题；二是跨越“中等收入陷阱”问题；三是补齐发展的短板。此外，中国特色社会主义政治经济学在于寻求和把握新时期经济发展的新动力。一方面，在供给侧的推动力衰竭时，要寻求需求侧的拉动力；另一方面，在供给侧的物质资源投入不足时，更要寻找新的驱动力，如科技创新的驱动力、提高全要素生产率、激发市场主体活力以及结构调整的推动力。

29.《新时代中国特色社会主义政治经济学的发展》

第一作者：洪远朋

期刊：《经济研究》

时间：2017 年第 11 期

习近平同志关于经济理论的论述是新时代中国特色社会主义思想的重要组成部分，是当代马克思主义政治经济学的新发展。建立新时代中国特色社会主义政治经济学是历史的使命，是党的使命。习近平同志将马克思主义基本原理与中国革命、改革、发展的现实结合起来，明确指出新时代中国特色社会主义政治经济学要坚持以人民为中心，或者以最广大人民群众的根本利益为中心。因为人民是创造历史的动力，必须始终把人民的利益摆在至高无上的地位。要以创新、协调、绿色、开放、共享的新发展理念引领新时代中国特色社会主义政治经济学理论体系的建立，推动我国社会经济的发展。新发展理念集中反映了我们党对社会经济发展规律认识的深化，是中国特色社会主义思想的又一次重大创新。习近平同志适应中国情况的变化，在十九大上提出，社会主义社会的主要矛盾已经转变为人民日益增长的美好生活需求和不平衡不充分的发展之间的矛盾。这是运用辩证唯物主义和历史唯物主义方法论做出的一个新的判断，是对当代中国特色社会主义政治经济学的新发展。十九大报告根据我国近年来的社会政治经济情况，对把我国建成富强、民主、文明、和谐、美丽的社会主义现代化强国的进程作了新的调整：从现在到 2020 年，是全面建成小康社会决胜期；从 2020 年到 2035 年，基本实现社会主义现代化；从 2035 年到 2050 年左右，在基本实现社会主义现代化的基础上，把我国建成富强、民主、文明、和谐、美丽的社会主义现代化强国。新目标明确，新图景美好，新进程清晰，同时也描绘了当代中国特色社会主义经济的新篇章。

30.《习近平经济思想：当代马克思主义政治经济学的重大创新》

第一作者：胡鞍钢

期刊：《人民论坛》

时间：2016 年第 1 期

习近平经济思想源于中国发展实践，又指导着中国发展实践，是当代马克思主义政治经济学理论的重大创新。本文主要从以下七个方面加以讨论：第一，习近平经济思想的理论来源是马克思主义政治经济学。马克思主义政治经济学指导着中国在经济改革与发展实践中不断创造新的理论。第二，习近平经济思想的新判断是中国经济发展进入新常态。认识、适应、引领新常态，是当前和今后中国经济发展的大逻辑。第三，习近平经济思想最重要的创新之一是“两手合力”论，即使市场在资源配置中起决定性作用和更好地发挥政府作用。政府和市场“两只手”要协调配合，“两只手都要硬”，硬而不僵；“两只手都要活”，活而不乱。第四，坚持公有制为主体、多种所有制经济共同发展的基本经济制度是社会主义市场经济体制的根基。坚持“两条腿走路”，既要大力发展公有制经济，做优做好国有企业，还要积极支持非公有制企业，使“两条腿”同等强壮，使两类企业都能健康成长。第五，习近平经济思想的核心是全面建成小康社会与坚持走共同富裕道路。第六，习近平经济思想的宗旨是坚持人民主体地位，以人的全面发展为根本目的。人民是推动发展的根本力量，实现好、维护好、发展好最广大人民的根本利益是发展的根本目的。第七，习近平经济思想的理念创新集中体现为“五大发展”新理念，即创新发展、绿色发展、协调发展、开放发展、共享发展。

31.《试论社会主义市场经济理论的创新和发展》

第一作者：胡家勇

期刊：《经济研究》

时间：2016 年第 7 期

社会主义市场经济理论是中国特色社会主义政治经济学的重要组成部分，是马克思主义政治经济学基于中国改革开放实践的重大理论突破，其精髓是社会主义作为一种社会制度和市场经济作为一种资源配置机制，可以有机结合起来，同时发挥二者的优势，并生成新的制度优势和体制优势。社会主义市场经济理论的形成是一个不断突破、不断丰富、不断完善的过程，主线是对社会主义和市场经济认识的不断深化和科学化。社会主义市场经济理论已凝练出许多重要理论原则和观点，主要涉及政府与市场的关系、基本经济制度、收入分配制度、社会主义市场经济运行和对外开放等重大理论和实践问题。科学理解市场的决定性作用和如何更好地发挥政府作用，是处理好政府与市场关系的关键。我国所有制理论的核心是对公有制经济、非公有制经济以及二者相互关系的认识，在新的历史条件下进一步推动所有制理论的创新发展，要科学认识和保持公有制经济的主体地位，科学认识非公有制经济是现代生产力发展的重要组成部分，进一步认识混合所有制经济的重要作用。关于收入分配的重要理论原则，涉及个人收入分配制度、生产要素参与分配、公平与效率关系、共同富裕等诸多重要方面。中国特色社会主义政治经济学必须研究市场经济的运行规律，强调要培育完备的市场体系，坚持市场体系的统一开放和竞争有序，以及实施有效市场监管。基于经济全球化背景和我国改革开放实践，逐渐形成了一系列对外开放的理论观点，但仍需要探讨以下重要理论和实践问题：第一，在新技术条件下国际分工和产业演进的规律，以及如何提升我国在国际分工和利益链条中的位置，实现静态和动态比较优势；第二，价值规律在国际市场上的作用形式，以及如何通过产业升级和创新驱动保证我国在全球利益分配中得到合理份额；第三，参与全球治理的途径，全面深化改革和全面建成小康社会新实践必将推动社会主义市场经济理论的深化和系统化。

32.《国内共享发展若干问题研究述评》

第一作者：胡志平

期刊：《当代世界与社会主义》

时间：2016 年第 4 期

党的十八届五中全会提出坚持共享发展理念以来，国内学术界从各自的学术背景和研究方向出发，对“共享发展”进行了多角度的研究，取得了比较丰富的研究成果。这主要表现在：其一，对共享发展的基本内涵进行了全面解读，阐述了共享发展的全民性、全面性、差异性、参与性四个特性，并对与共享发展相混淆的几组概念进行辨析，使得共享发展的基本内涵呈现得更加清晰；其二，对共享发展的理论意义和实践价值进行了深入挖掘，使得共享发展的价值得到充分展现，也使共享发展的必要性和迫切性更加突出；其三，对共享发展的问题进行分析，找到阻碍共享发展的因素，探寻共享发展的阻力，进而对症下药；其四，对共享发展的实现路径进行探索，从国家治理、基本经济制度、运行机制三个不同方面层层深入，为共享发展的实现提供了有效的实践价值。同时，由于共享发展的理念提出时间不长，国内学术界相应的研究也还不够深入，既有的研究总体而言还有待拓展和改进。因而，今后国内学术界应在以下三个方面加大研究力度：首先，从研究内容来看，要重点加强对共享发展的实证研究；其次，从研究的深度来看，要深化对共享发展的历史维度研究；最后，从研究方法来看，应注重对共享发展的比较研究，使共享发展的研究朝着更加微观化、可操作化方向发展。

33.《大国市场开拓的国际政治经济学——模式比较及对“一带一路”的启示》

第一作者：黄琪轩

期刊：《世界经济与政治》

时间：2016 年第 5 期

近年来，中国政府启动了“一带一路”建设，积极推动开拓周边国家市场。世界历史上，四种曾经出现过的大国市场开拓模式可以从不同角度为中国“一带一路”建设提供经验参考。作为世界政治中的两个后来者——德国与日本，19世纪末期至20世纪初期德国“抢占守成大国的市场开拓模式”是危险的，因为它损害了霸权国英国国内的产业利益，推动英德经济竞争升级到军事竞争；20世纪后半期日本“依赖霸权国家的市场开拓模式”是脆弱的，因为它损害了霸权国美国国内的产业利益，促使美国选择限制日本产品进入美国市场，阻断了日本的市场开拓之路。作为世界政治中的两个霸权国——英国和美国，18世纪后期至19世纪后期英国“倚靠边缘国家的市场开拓模式”是摇摆的，因为面临产业损害的边缘国家逐渐出现强大的产业集团反对英国的市场渗透时，这一模式的不可持续性逐步显现；19世纪末开始美国“基于国内开发的市场开拓模式”是稳固的，它让边缘国家国内出现日益依赖美国的产业集团，为美国撬动海外市场提供了强大的战略工具和更大的回旋余地。中国的市场开拓需要避免前三类模式的困境，优先开发国内市场是中国“一带一路”倡议获得成功的重要基石。

34.《浅论建设现代化经济体系》

第一作者：黄群慧

期刊：《经济管理》

时间：2018年第1期

现代化经济体系是与高质量发展阶段相适应的经济系统，是一个具有创新力的体系，是一个协调平衡的经济体系，是一个以人民为中心的经济体系。所谓现代化经济体系是具有现代性的经济系统，当今时代对现代性的要求是要与现代化过程中高质量发展阶段相适应，从系统论视角这种适应性具体体现在经济体系的增长动力、要素结构、运行机制、系统环境和发展目标五个方面。从增长动力看，现代化经济体系是以创新作为经济增长的驱动力，经济增长的源泉是依靠创新带来的全要素生产率的提升；从要素结构看，现代化经济体系具有高端要素聚集和现代产业主导的特征，而且其劳动力、资本和技术等各个生产要素以及各个产业、区域、城乡子系统呈现结构协调性；从运行机制看，现代化经济体系具有高效配置资源的成熟的市场化体制机制，体系内各类市场主体公平竞争、具有活力，政府宏观调控科学有度；从系统环境看，现代化经济体系面临的是全方面开放的、高度不确定性的国家化环境，这要求经济系统也必须具有动态开放特征，从而对环境具有很好的适应性；从发展目标看，现代化经济体系追求高质量经济发展目标，保证国家经济具有竞争力和可持续性、包容性的发展。由此，建设现代化经济体系要以新发展理念为指导，要以完善社会主义市场经济体制为前提，要以提高实体经济供给质量为着力点。提高实体经济供给质量，包括以下几点：第一，要从产品、企业和产业三方面入手，围绕提高制造业供给体系质量，深化供给侧结构性改革，化解制造业供需结构失衡；第二，要形成工业和服务业良性互动、融合共生的关系，化解产业结构失衡，构建创新驱动、效率导向的现代产业体系；第三，要在“虚实分离”的常态中坚持“实体经济决定论”，从体制机制上化解“虚实结构失衡”，加快建设实体经济与现代金融协同发展的产业体系。

35.《在发展实践中推进经济理论创新》

第一作者：黄泰岩

期刊：《经济研究》

时间：2017 年第 1 期

中国创造了世界经济发展史上的奇迹，使中国具备了构建中国特色社会主义经济理论体系的典型条件，主要表现在：中国是世界上发展最好的社会主义国家，实现了比其他一切资本主义国家更快更长时期的高速增长，创造了世界经济发展史上的“中国奇迹”。从实践经验中，中国已总结提炼出了一些中国特色社会主义经济理论，如社会主义初级阶段理论、基本经济制度理论、基本分配理论、以经济建设为中心的理论、社会主义市场经济理论以及对外开放理论等。但是，在中国进入中高收入阶段后，面对跨越“中等收入陷阱”的严峻挑战，如产业结构仍处于中低端、自主创新能力不足、收入差距过大等，照搬新自由主义经济学、发展经济学、经济增长理论等学说难以指导中国新的实践，已有的中国特色社会主义经济理论也需要与时俱进。为破解发展新难题，中国提出了由经济发展新常态、新理念、新动力、新路径和新政策等构成的用于指导中国新发展实践的新理论，并将该理论与十八大以前形成的理论进行系统化，形成了中国特色社会主义经济理论的新体系。最后，指出了中国特色社会主义经济理论新体系的理论价值在于其继承和发展了马克思主义经济学，包容和超越了西方经济学的经济发展理论，并从中国成功经验中总结和提炼出新的理论；其世界普遍价值在于创新性地构建了指导从中高收入国家转为高收入国家的经济理论，解决了世界上现存经济学的一个理论缺陷，为经济学理论丰富和发展贡献了中国智慧；同时也为广大发展中国家，特别是那些仍苦苦在“中等收入陷阱”中摸索的发展中国家提供了理论指导和政策指引。

36.《市场经济只能建立在私有制基础上吗？——兼评公有制与市场经济不相容论》

第一作者：简新华

期刊：《经济研究》

时间：2016 年第 12 期

市场经济需要企业自主经营、自负盈亏、产权明晰，企业制度大致上经历了个人业主制、合伙制和公司制（现代企业制度）三个阶段。公有制企业包括国有企业通过转机改制、实行现代企业制度，能够适应市场经济的要求，从而使公有制能够与市场经济相结合。市场经济并不是只能建立在私有制基础上，以市场经济只能建立在私有制基础上的看法推导出的中国发展市场经济必须实行私有化的结论不能成立。市场经济不一定必须以私有制为基础，它也能够与公有制相结合。中国社会主义初级阶段的经济是商品经济或者市场经济的基本条件是存在社会分工和多种不同的所有制。此条件下，即使在公有制经济内部，不同的企业或者经济单位的产出和资源利用效率会不一样，为了鼓励企业提供更多更好的产出、提高资源利用效率，必须允许企业拥有相对独立的经济利益，社会不能无偿占有或者调拨企业的产出，企业之间也必须实行等价交换，否则会挫伤企业和职工的积极性，造成资源的低效利用甚至浪费。公有制企业的生产和交换也是商品的生产和交换，公有制经济也是商品经济或者市场经济。社会主义市场经济理论和邓小平关于计划与市场的论述，并不违背马克思主义政治经济学关于商品经济和社会主义经济运行特征的基本原理，并不否认社会主义经济发展到高度成熟发达的高级阶段、所有制演进到单一公有制的时候，将不再是商品经济或者市场经济的长远趋势。

37.**《中国特色社会主义经济理论的重大成果和新时代的创新和发展》**

第一作者：简新华

期刊：《经济研究》

时间：2017 年第 12 期

改革开放近 40 年以来，中国经济发展取得了举世瞩目的惊人成就，中国经济学理论与经济发展一样，也进行了许多理论创新，取得了不可否认的重大成果。最集中的体现是，基本形成了主要由社会主义经济本质理论、社会主义初级阶段理论、中国特色社会主义所有制理论、中国特色社会主义分配理论、社会主义市场经济理论、中国特色社会主义经济发展理论、社会主义经济改革理论、社会主义对外开放理论等构成的中国特色社会主义政治经济学。其中的社会主义市场经济理论更是古今中外都没有的原创性理论。特别是党的十八大以来，习近平总书记提出的以人民为中心的发展思想，创新、协调、绿色、开放、共享五大发展新理念，经济发展新常态、新动能、新经济的新观点，经济、政治、社会、文化、生态五大建设

"五位一体"的新思想，供给侧结构性改革、创新创业的新战略，等等，这些更是最新的重大理论创新成果。新时代中国特色社会主义经济理论，是新时代中国特色社会主义思想的重要组成部分。未来中国经济理论的创新和发展，必须坚持以马克思主义的理论和范式研究中国现实的经济问题，并吸收西方现代经济学的优秀成果，尤其是在经济运行方面适合中国发展阶段和国情的有用成果，推动马克思主义在中国的创新和发展。

38.《关于"高质量发展"的经济学研究》

第一作者：金碚

期刊：《中国工业经济》

时间：2018 年 4 期

从经济学的基础理论看，质量是指产品能够满足实际需要的使用价值特性，高质量发展则是指能够更好地满足人民不断增长的真实需要的经济发展方式、结构和动力状态。进入高质量发展新时代，体现经济发展的本真性质，对满足人民日益增长的美好生活需要的使用价值面即供给侧的关注，将变得尤为重要。经济发展的本真性实质上就是以追求一定经济质态条件下的更好的质量目标为动机。"创新、协调、绿色、开放、共享"的新发展理念成为对新时代高质量发展的新要求，也是对是否实现了高质量发展的评价准则。高速增长转向高质量发展的实现，必须基于新发展理念进行新的制度安排，特别是要进行供给侧结构性改革。实现高质量发展，必须使市场在资源配置上发挥决定性作用，更好地发挥政府作用。科学发现、技术发明和产业创新是实现高质量发展的关键动因，只有创新驱动的经济才能实现持续的高质量发展。发展质量的内容所表现出的多维性和丰富性，要求发展战略和模式选择的高度创新性。系统地创造发展优势，走符合实际和具有特色的道路，以各种有效和可持续方式满足人民不断增长的多方面需要，是高质量发展的本质性特征。各地区可以基于自身实际追求丰富多彩的优越性。发展质量的高低，最终以经济发展能否满足人民日益增长的美好生活需要为判断准则，而美好的生活需要绝不仅仅是单纯的物质性要求，而将越来越多地表现为人的全面发展的要求。因此，与高速增长阶段主要以工具理性为动力的机制不同，高质量发展阶段必须有更具本真价值理性的新动力机制，即更自觉地主攻能够更直接体现人民向往目标和经济发展本真目的的发展战略目标。这种新动力机制的供给侧是创新引领，需求侧则是人民向往。这种新动力机制的内在要求就是市场经济工具理性与经济发展本真理性的有效契合。

39.《马克思劳动价值论的现实意义及理论启示》

第一作者：金碚

期刊：《中国工业经济》

时间：2016 年第 6 期

马克思的劳动价值论具有非常深刻的内涵和学术扩展性，从其逻辑基点上可以延伸出对一系列现实经济问题和经济制度及政策选择的科学思考。本文从以下几个现实问题的讨论入手，揭示马克思劳动价值论的现实意义和理论启示。第一，关于 GDP 核算的问题。实际上 GDP 核算的是真实经济量，即经济体在一定时期内所创造的真实产品和服务的总量，即可以使用的（通常是发生了市场交换的）产出量，而不是其名义量（交换价值量）。第二，关于产业结构及其演变趋势。对国民经济结构进行分析的前提是对经济活动的分类。在工业化初期，物质资料生产是生产活动的主体，更为注重农业与工业、轻工业与重工业之间的比例结构分析。到了工业化后期，服务活动也越来越成为重要的生产活动，因此，第一、二、三产业划分以及对三次产业的比例结构分析受到更高的重视。第三，关于企业追求的目标。作为商品生产者的企业，实质上有两个目标：一是创造商品使用价值，表现为企业的实业目标，即“做事业”；二是创造交换价值，表现为企业的盈利目标，即“赚钱”。一般经济学模糊了两者而将其“抽象”为企业的唯一目标是利润最大化。第四，关于“为人才松绑”。就是要承认人才的自主性，即使是在法人组织中，也应尊重人才，发挥人才的积极性和主动性，特别是对于创新强的岗位或职业，应赋予人才以更大的自主性。第五，管理是否应该以“省钱”为目标。对于创造财富的经济主体，例如企业，增收节支是其重要的经验性目标，管理中的省钱意识一定程度上反映了效率原则。第六，关于劳动报酬标准。劳动报酬的决定因素主要有劳动者（及其家庭）的生产和再生产的成本、劳动的复杂程度和劳动供求状况。马克思的劳动价值论奠定了经济分析的逻辑基础。它不是教条，而是可运用于或启发我们观察和研究现实问题的思维方法和学术源泉；更是中国在经济发展和体制改革中，探索建立中国特色社会主义经济理论的一个重要理论基点；也是在发现新现象中，展望未来社会发展趋势的重要启示。

40.《基于价值论与供求论范式的供给侧结构性改革研析》

第一作者：金碚

期刊：《中国工业经济》

时间：2017 年第 4 期

马克思经济学是以价值论为主线、以供求论为辅线的严密学术范式体系。基于价值论范式，所谓供给侧体现为（或定义为）提供效用的实质供给、提供有用产品的实际供给、提供以使用价值为前提而以货币单位计量的交换价值名义供给，以及以信用货币标示的无使用价值之物的虚拟供给。简言之，实质供给的核心意义是“提供有用性”，实际供给的核心意义是“提供有用物”，名义供给的核心意义是“提供价值量”，虚拟供给的核心意义是“符号值增殖”。从商品二重性和劳动二重性的逻辑起点出发，供给侧失调的价值论性质已经“内嵌”在供求体系中，其主要表现是结构失衡和质效缺陷。供给形态的演化与异化的过程发生了“目的”与“工具”的三次颠倒，也就是马克思所说的商品拜物教和货币拜物教的产生。人类无论怎样生活在充满货币幻觉的世界，无论复杂的货币世界把经济关系编织得如何复杂，甚至让人类完全颠倒地看待这个世界，分不清“目的”与“工具”，但是，一旦供给体系尤其是实质供给问题凸显，货币性（需求侧）政策效率递减，人们就不得不回到经济的最实质其实也是最本原的层面，从实质供给与实际有效供给上寻找出路。这就是中国进行供给侧结构性改革的根本缘由。供给侧结构性改革的目标是提高供给体系的协调性、高效性和高质性。“三去一降一补”最终体现为劳动生产率的提高。因此，供给侧结构性改革的主要方向不仅是要通过“三去一降一补”，消除供给体系中的“淤结”“血栓”“瓶颈”，而且要使供给体系的创新空间更加宽广，促进整个经济社会充满活力。

41.《“亚细亚生产方式”再探讨——重读 <资本主义生产以前的各种形式> 的思考》

第一作者：李根蟠

期刊：《中国社会科学》

时间：2016 年第 9 期

亚细亚的、古代的、封建的和现代资产阶级的生产方式可以看作是经济的社会形态演进的几个时代。本文主要探索亚细亚生产方式以及相关的亚细亚所有制形式的内涵。马、恩在分析论述东方社会历史特点的同时，把亚洲社会中留存的村社和欧洲社会历史上的公社残余进行比较，认定土地公有制的公社是东西方社会都要经历的初始阶段，从而初步形成了原始社会形态的科学概念，即“亚细亚生产方式”，亚细亚生产方式是马克思对原始社会形态初创性的理论概括，其内涵是以原始共同体土地共同所有制为核心的原始共产主义。马克思以留存于文明世界中的公社残片为依据，运用逆向推演和残片复原相结合的方法，在材料相当缺乏的情况下成功地揭示了原始社会生产关系最基本的特点，从而第一次对原始社会生产方式做出理论概括。弄清马克思从历史残余中恢复其原始形态的研究方法，把阶级社会中残存的、被歪曲的或萎缩了的公社实态和经过矫正的复原后的公社原型区别开来，换言之，将经过抽象而形成的亚细亚生产方式的“一般”概念，同它依以抽象的素材的亚洲村社及东方社会实态区分开来，是正确理解亚细亚生产方式的关键。我们知道，特殊的具体事物中包含着普遍性，普遍性存在于特殊的具体事物之中，没有不包含普遍性的特殊性，也没有离开特殊性单独存在的普遍性。特殊性和普遍性的这种关系，马克思和列宁常常用个别和一般的范畴来表达，实际上，亚细亚生产方式概念的形成，正是“从个别上升到一般”的认识路线的体现，也是一般和个别不可分离关系的体现。马克思、恩格斯原始社会理论是在几十年的探索中，运用正确的立场方法，总结当时有关科学发展的最新成果而建立起来的。马克思、恩格斯的高明之处，不在于他们未卜先知，也不在于他们说的每一句话都正确无误，而在于他们总是不断吸收最新的科学成果，来补正、充实和发展自己的理论。由此可见，马克思主义并没有结束真理，而是在实践中不断开辟认识真理的道路。

42.《马克思主义中国化政治经济学的最新成果——十八届五中全会的重大理论贡献》

第一作者：李君如

期刊：《理论与改革》

时间：2017 年第 1 期

党的十八届五中全会提出了创新、协调、绿色、开放、共享发展的新理念，这一重大理论贡献，是马克思主义中国化政治经济学的最新成果。形成这样的发展新理念，是全党从十一届三中全会以来坚持不懈探索的结果，它是“全面小康”与现代化相衔接的发展理念，是目标导向与问题导向相结合的发展理念，是立足国内与全球视野相统筹的发展理念，是全面和重点相协调的发展理念。这一发展新理念展示了今天中国发展的大趋势：首先指明了破解经济新常态下各种问题的根本路径，展示了中国在创新驱动下国民经济持续健康发展的大趋势；其次是全面建成小康社会决胜阶段的决胜之策，展示了中国在全面深化改革中实现第一个百年奋斗目标的大趋势；再次是协调推进“四个全面”战略布局，实现“两个一百年”奋斗目标的行动指南，展示了中国充满自信奔向现代化的大趋势。创新、协调、绿色、开放、共享发展的新理念是实现“四个全面”战略布局的关键，也是“四个全面”相辅相成、相互促进、相得益彰的连接线，更是协调推进“四个全面”的基础。因此，我们既要在推进“四个全面”战略布局中贯彻五大发展新理念，又要坚持用五大发展新理念协调处理好“四个全面”内部的辩证关系，实现“两个一百年”奋斗目标，实现中华民族伟大复兴的中国梦。

43.《政治经济学的新境界：从人的全面自由发展到共享发展》

第一作者：李雪娇

期刊：《经济学家》

时间：2016 年第 12 期

共享发展坚持以人民为中心，将经济发展的所有成果分享给人民，体现了社会主义的公平正义。本文从人的类存在、个体存在和社会存在三个角度回顾了人的全面自由发展理论的基本内涵，并结合共享发展中全民共享、全面共享、共建共享和渐进共享的发展理念，对比分析提出共享发展理念是对马克思主义政治经济学的继承和发展，是马克思主义中国化和时代化的新成果。首先，马克思认为人有多种存在形式，因此人的全面自由发展也包含多个方面。从人的类存在的角度看，人的全面发展包含了所有个体的发展；从个体存在的角度看，人的自由全面发展必须以个体能力的全面发展为前提；从社会存在的角度看，发展的最终目的是人本身。其次，共享发展理念的思想深刻、内涵丰富。在范围上，共享发展强调全民共享，让改革红利覆盖到每一个中国人；在内容上，共享发展要求全面共享，让经济发展的各项成果都惠及普通百姓；在过程中，共享发展注重依靠人民，坚持以人民为中心，实现更有质量更有厚度的发展。最后，共享发展覆盖范围广泛，包含内容丰富，发展目的是人民，发展过程依靠人民，与人的全面自由发展理论一脉相承，是对马克思政治经济学说的继承。通过将发展成果分享给全体人民实现对生产要素和产品服务的再次分配和组合，共享发展重构了社会生产条件，激发人民群众的能动性和创造性，提高了经济发展的潜力，是引领新常态下经济发展的重要手段，从这个角度来说，共享发展是对马克思政治经济学的新发展。因此，共享发展理念是在新的时代要求下对马克思主义政治经济学的创新和发展，是马克思主义中国化和时代化的新成果，开拓了中国特色社会主义政治经济学研究的新境界。

44.《绿色发展的制约因素及其路径拿捏》

第一作者：李雪娇

期刊：《改革》

时间：2016 年第 6 期

党的十八届五中全会提出了创新、协调、绿色、开放和共享五大发展理念，是在总结改革开放近 40 年发展经验的基础上，对我国经济新常态和世界经济新形势的理性判断和战略部署，其中绿色发展是化解生态危机、创造新经济增长点的有利契机，是实现经济永续发展的前提条件，而环境污染、生态破坏和资源瓶颈制约经济社会可持续发展，因此绿色发展是新常态下对经济发展的理性抉择。我国对绿色发展的长期探索表明，绿色发展的理论和实践研究必须与宏观经济背景和资源环境现实相结合，在回溯绿色发展历程的基础上提出绿色发展理论研究要依托于经济环境现实，并利用马克思主义政治经济学分析范式剖析了新常态下绿色发展的制约因素：物质利益的演化引发生态危机、经济主体的行为选择导致发展异化、制度安排滞后不利于绿色转型。在新常态背景下对绿色发展的制约因素和实施路径进行分析是新时期实现绿色发展的客观需要。本质而言，绿色发展的推进过程是各级经济主体在不同利益之间进行选择并相互博弈的过程，利益冲突和异化发展的破解需要制度规范和激励设计，而落后的制度安排和激励机制不利于经济社会的绿色转型。利益驱动是经济行为的根本出发点，人们在利益最大化的驱动下调整自身行为选择；制度规定行为选择的边界限制了人们在利益追求过程中的可选路径；激励机制决定人们追求利益的速度和效率，激励机制的强力刺激甚至会影响原有的利益格局。因此，在回顾我国绿色发展历史经验的基础上，利用马克思主义政治经济学分析范式挖掘绿色发展的深层障碍，并据此提出绿色发展的实施路径，即要促进经济社会的绿色转型，必须从协调利益关系出发，通过制度规范和激励机制设计约束并引导经济主体修正自身的行为选择，积极参与绿化建设，实现经济社会的可持续发展。

45.《坚持马克思主义的根本是坚持马克思的方法论原则》

第一作者：林岗

期刊：《经济研究》

时间：2016 年第 3 期

学习和研究马克思主义政治经济学，归根结底是要学习马克思的经济研究方法。马克思的方法论原则就是唯物辩证法，或者说是历史唯物主义。主要包含以下四个马克思主义政治经济学的分析规范：第一，用生产关系必然与生产力发展相适应来解释社会经济制度变迁。在生产力发展的过程中，人类努力提高生产效率以推动生产技术进步，生产技术的变化会引起生产组织的变化，而生产组织的变化又会导致人与人在生产中的相互关系即社会生产关系的变化，从而造成经济制度的变迁。第二，将生产资料所有制作为分析整个生产关系体系的基础。生产关系体系是指直接生产过程中形成的人与人的关系、产品的分配关系、交换关系构成的一个经济关系的体系。生产资料所有制是指直接生产过程中的关系，即“劳动者与生产资料相结合的方式”，只有在生产中才有生产资料所有制的问题。所以说，理解生产资料所有制是分析整个生产关系体系的基础。第三，依据与生产力发展的一定历史阶段相适应的经济关系来理解政治和法律的制度以及道德规范。在分析经济现象的时候，不能把抽象的法律规定或伦理规范当作基础，不能从存在于不同时代，但在不同历史时代有不同内容的抽象的法律规定和伦理概念开始分析，而应该用实际存在的经济关系来说明历史上形成的法律规定和伦理规范的现实经济内容。第四，在历史形成的社会经济结构的整体制约中分析人的经济行为。个人的行为目标或价值取向，以及他在达成这个目标时所面对的种种约束，都是由他所处的历史条件下的生产关系决定的。人们在一定社会经济关系中所处的地位不同，他们的行为目标和行为约束也就不同，因而具有不同的行为方式。因此，对于人的经济行为的分析，必须在历史地形成的既定的社会经济结构或社会生产关系的框架内来进行，而不能直接诉诸某种万古不变的抽象人性假设。

46.《共享发展的政治经济学解读》

第一作者：刘凤义

期刊：《中国特色社会主义研究》

时间：2016 年第 2 期

共享是中国特色社会主义的本质要求。从唯物史观的方法来看，“共享”的内涵需从生产力和生产关系的对立统一中来定义和理解。一方面，生产力发展水平构成共享发展的物质基础。只有生产力高度发达，才能使产品极大丰富，进而满足人们按需分配的共享生活。另一方面，生产关系的性质决定共享发展的层次和范围。从社会生产关系的性质上看，资本主义生产关系与劳动者共享之间没有必然性，而社会主义生产关系与劳动者共享之间存在内生关系，因此社会主义制度内生共享关系。全面深化改革，就是在坚持基本经济制度基础上，完善社会主义市场经济体制，发挥市场机制的有效作用，而贯串改革、体现发展的旨向就是共享发展理念。基于以上理论分析，我国在全面深化改革中推进共享发展，应着眼于以下几点：第一，要明确共享发展不仅包括成果共享，也应该包括劳动过程的共享；第二，从生产力层面看，在社会主义市场经济中，无论是公有制性质的企业，还是私有制性质的企业，要贯串共享发展的理念，必须大力发展社会生产力，这是共享发展的物质基础；第三，从生产关系层面看，必须发挥公有制企业尤其是国有企业在共享发展中的引导作用；第四，从企业管理层面看，要积极利用价值规律作用，在公有制企业和非公有制企业提高管理水平，通过管理型共享，推进共享发展的实现；第五，要坚持公平与效率、共享与发展之间的良性互动关系，良好的共享模式会带来经济绩效和社会绩效的均衡发展。

47.《中国特色社会主义政治经济学原则与供给侧结构性改革指向》

第一作者：刘凤义

期刊：《政治经济学评论》

时间：2016 年第 2 期

中国特色社会主义政治经济学是当代中国的马克思主义政治经济学，其重大原则至少包括以下四个方面：一是以人为本原则。“以人为本”是指以“劳动者为本”，以广大人民群众利益为本。我国实行供给侧结构性改革，将涉及多方面深层矛盾和利益关系的调整，这种调整甚至会带来社会阵痛。各项改革措施如何最大限度地减少阵痛、保证广大人民群众的利益，应该成为深化改革坚守的重要理念。二是满足需要原则。“需要”是指人的生存和发展对物质产品和精神产品的客观要求。就供给侧结构性改革来说，化解产能过剩，可以以“满足需要”为原则制定相应政策，比如化解商品房过剩，可以采取政府购买、百姓廉租的形式；化解钢铁、水泥等过剩，可以考虑增加基础设施尤其是农村基础设施建设；产业转型、结构升级，可以考虑城乡之间、地区之间不同消费群体的消费能力、消费需求差异性问题等。三是共享发展原则。从微观领域看，企业层面的共享既包括分配领域的共享，如提高工资，也包括生产领域的共享，如劳动条件、劳动资料、劳动保护、劳动管理等；在宏观领域，不仅包括基础设施、公共资源的共享，还包括教育、医疗、社会保障等公共产品的共享；在消费层次上，不仅包括生存资料的共享，还包括发展资料的共享等。就供给侧结构性改革而言，共享发展意味着在微观企业领域，不能一味把降低工人工资作为提高企业效率的口实。四是公有主体原则。“公有”是指公有制，“主体”是指主体地位，即坚持公有制主体地位原则。就供给侧结构性改革而言，坚持公有制主体地位原则，意味着要坚持做大做强做优国有企业原则，不能因为产能过剩，就轻易消灭国有企业；也不能简单认为产能过剩就是政府干预过多的结果，那种把化解产能过剩完全交给市场的说法，无论是在理论上还是实践上都是行不通的。没有“有为政府”的强大力量，以人为本、满足需要、共享发展，都可能变为空话。

48 《中国经济学如何研究共享发展》

第一作者：刘凤义

期刊：《改革》

时间：2016 年第 8 期

共享是中国特色社会主义的本质要求，是我们党制定各种政策的核心理念。共享理念的实质是坚持以人民为中心的发展思想，体现的是逐步实现共同富裕的要求。共享发展的内涵主要包括四个方面：全民共享、全面共享、共建共享和渐进共享。“共享”理念作为人类发展的一种理想，可谓源远流长。无论是我国古代文化还是西方文化中，都有很多关于人类共享的理念。但在已有经济学研究中，尚未形成系统的关于共享发展的分析框架。认识共享发展必须坚持唯物辩证法的根本方法，解读共享发展必须明确“共享发展”的主体是谁的问题，要在宏观与微观的有机结合中研究共享发展问题，要从运动过程的角度来认识共享发展问题，要明确共享与发展之间的关系问题。构建中国特色社会主义政治经济学理论体系，应该把共享发展作为逻辑主线贯串始终。构建共享发展系统研究的初步框架，拓展马克思主义政治经济学劳动力商品理论作为共享发展的微观基础，在生产、分配和消费的有机统一中研究共享发展的稳定性和可持续性，在企业与政府、微观与宏观有机结合中研究共享发展的互补性和协调性。

49.《在马克思主义与中国实践结合中发展中国特色社会主义政治经济学》

第一作者：刘伟

期刊：《经济研究》

时间：2016 年第 5 期

坚持运用马克思主义政治经济学原理指导中国社会主义经济发展，坚持在中国特色社会主义经济实践中发展当代马克思主义政治经济学，这是建设中国特色社会主义政治经济学的基本出发点。社会主义政治经济学是研究社会主义生产方式发展运动规律的学说。中国特色社会主义事业正处于艰苦探索和努力创新的历史进程中，中国发展实践特别需要中国特色社会主义政治经济学的指导。中国特色社会主义的伟大实践，对社会主义政治经济学提出了强烈的需求，中国社会主义经济发展所取得的前所未有的成就，也支持着中国特色社会主义政治经济学不断深入探索的理论自信。新常态下中国特色社会主义政治经济学的历史观和方法论在于坚持解放和发展生产力的基本原则。坚持解放和发展生产力原则是马克思历史唯物主义和辩证唯物主义的基本方法和历史观的要求，是党在社会主义初级阶段基本路线的根本要求，更是发展和运用中国特色社会主义政治经济学的基本方法和原则，同时也是正确认识改革实践的关键，是推动改革的基本动因，更是评价改革的根本标准。新常态下中国特色社会主义政治经济学的核心命题在于坚持社会主义市场经济改革方向。中国特色社会主义经济改革的根本在于统一社会主义公有制与市场经济机制。经济运行机制改革的主线是使市场在资源配置中起决定性作用，解决这一问题的关键在于从经济体制上处理好政府与市场的关系。社会主义市场经济改革的难点在于完善和提升市场经济秩序的质量。新常态下中国特色社会主义政治经济学的主要任务在于坚持调动各方面的积极性，如激励和约束机制的统一，调动中央和地方两方面的积极性，努力缓解改革发展的阻力，坚持共同富裕是调动积极性的根本利益原则等。新常态下中国特色社会主义政治经济学的根本目标在于坚持防止陷入“中等收入陷阱”。以习近平同志为核心的党中央提出的新常态下的五大发展理念是实现穿越“中等收入陷阱”，保持我国社会生产力可持续发展的关键，是关于中国发展实践对中国特色社会主义政治经济学的经济发展理论的重要贡献。

50.《习近平新时代中国特色社会主义经济思想的内在逻辑》

第一作者：刘伟

期刊：《经济研究》

时间：2018 年第 5 期

习近平新时代中国特色社会主义经济思想是历史逻辑与思想逻辑、理论逻辑与实践逻辑的有机统一。首先是对新时代特点的分析出发，进而明确新时代中国特色社会主义经济建设的主题——发展，并深入剖析新时代的发展面临新的机遇、挑战和约束条件。其次提出“新发展理念”，即以“五位一体”总体布局作为破解新时代新发展难题的指导思想和目标引领。再次提出了以建设现代化经济体系作为贯彻实践“新发展理念”的基本方略，即以深化供给侧结构性改革为主线，以发展现代化产业体系和培育社会主义市场经济体制为两个基本方面，以构建包含经济活动各个环节、各个层面、各个领域在内的有机整体的经济体系为主要任务。另外，实现现代化经济体系建设，需要创造两方面的基本条件：一方面是宏观经济条件，这就要求贯彻稳中求进总基调；另一方面是制度创新条件，这就要求协调推进“四个全面”战略布局，从经济、法治、政治制度等方面深化改革，为实现新发展理念创造制度条件，提升国家治理体系和能力的现代化水平。最后回答了贯彻新发展理念、实践“五位一体”总体布局、以现代化经济体系推动新发展、以“四个全面”战略布局支撑现代化经济体系等的根本目的，即坚持以人民为中心的发展思想，更有效地处理发展中的社会公平正义命题，以“共享”体现逐步实现共同富裕的历史要求，并由此探索中国共产党领导下的中国特色社会主义事业发展的根本力量。以上，构成了新时代中国特色社会主义经济发展的历史事件逻辑。习近平新时代中国特色社会主义经济思想的理论逻辑正是基于对这种历史实践逻辑的深刻科学把握，深刻揭示了这一大逻辑的内在规律，进而开拓出当代马克思主义政治经济学中国化的“新境界”。

51.《中国经济改革对社会主义政治经济学根本性难题的突破》

第一作者：刘伟

期刊：《中国社会科学》

时间：2017 年第 5 期

社会主义初级阶段以公有制为主体、多种所有制经济共同发展的基本经济制度，与市场机制对资源配置起决定性作用，二者如何实现有效结合，是构建中国特色社会主义政治经济学的根本性难题。文章首先就社会主义初级阶段基本经济制度与市场机制结合的问题进行分析，从经济发展史的角度解释了传统西方资产阶级经济学理论对公有制和市场机制结合可能性的否定，以苏联社会主义制度建立初期的分歧和中东欧经济转轨国家关于二者结合的实践及理论探索均以放弃公有制而告终的例子，从改革实践和理论探索两方面论述了公有制和市场机制结合的困难性，表明这既是我国改革发展实践需要坚持的基本原则，也是中国特色社会主义政治经济学面临的突出问题。文章接下来分析了中国改革对公有制与市场经济结合的创造性探索和贡献，主要包括：运用马克思主义基本原理分析公有制与市场经济结合的改革实践；在所有制结构改革与市场机制培育的统一中，推进中国社会主义市场经济转轨；在企业产权制度改革与市场价格决定制度改革的统一中，构建社会主义市场经济的内在竞争机制；在解放和发展生产力的迫切性与经济改革可行性的统一中，推动公有制与市场经济的结合。最后分析了混合所有制经济的国有企业改革问题，指出混合所有制改革的发展性目标是提高市场竞争力，以实现市场竞争性收入最大化，而改革的体制性目标就在于，使企业在制度和机制上能够适应市场竞争的要求。中国经济进入新常态以来，不断涌现的许多新问题，以及新发展理念指导思想的提出，迫切呼吁我们要从马克思主义政治经济学的分析视角，更深刻地理解社会主义市场经济制度、初级阶段基本经济制度与市场机制结合的统一性和协调性。

52.《坚持新发展理念，推动现代化经济体系建设——学习习近平新时代中国特色社会主义思想关于新发展理念的体会》

第一作者：刘伟

期刊：《管理世界》

时间：2017 年第 12 期

习近平新时代中国特色社会主义思想中关于新发展理念的思想和方略，把“发展”的认识提升到新的科学高度。贯彻新发展理念，主要在于从现代化的产业体系和现代化的经济体制两方面，构建中国特色社会主义现代化经济体系。

坚持新发展理念的思想，突出的特点在于使发展、改革、开放的历史性命题有机地统一于“新发展理念”之中。其一，新发展理念根据辩证唯物主义和历史唯物主义的基本观点，强调发展是解决我国一切问题的关键；其二，新发展理念是适应这一系列发展条件变化而提出的重要方略，经过长期努力，中国特色社会主义进入了新时代，这是我国发展新的历史方位；其三，新发展理念根据新时代约束条件的变化，根据现代化新的历史进程所面临的新机遇、新挑战，科学地丰富了“发展”的内涵，强调“发展必须是科学发展，必须坚定不移贯彻创新、协调、绿色、开放、共享的发展”理念；其四，新发展理念强调了发展目标上的结构同步性，强调发展中的“推动新型工业化、信息化、城镇化、农业现代化同步发展”；其五，新发展理念把经济制度和经济体制改革及完善作为“发展”本身的有机组成部分，充分体现了对现代化过程中经济发展与制度和体制变迁的内在统一性的深刻认识；其六，新发展理念把开放纳入“发展”命题，从而使发展、改革、开放形成有机统一。因此，建设现代化经济体系所要求的经济体制，根本在于坚持社会主义市场经济改革方向：第一，这一改革的关键在于有机统一社会主义基本经济制度（包括分配制度）与市场起决定性作用的资源配置机制；第二，社会主义市场经济体制改革的重点在于完善产权制度和要素市场化，主要是完善市场竞争的主体秩序和市场竞争的交易秩序；第三，完善社会主义市场经济体制需要“创新和完善宏观调控，发挥国家发展规划的战略导向作用，健全财政、货币、产业、区域等经济政策协调机制”，为此需要不断深化投融资体制改革，加快建立现代财政制度，深化金融体制改革，“健全货币政策和宏观审慎政策双支柱调控框架”。

53. **《建设现代化经济体系：新时代经济建设的总纲领》**

第一作者：刘志彪

期刊：《山东大学学报（哲学社会科学版）》

时间：2018 年第 1 期

在经济发展进入新常态下，我们必须贯彻新发展理念，建设现代化经济体系。中国特色社会主义进入新时代，我国经济建设的一个总纲领，就是要加快建设现代化经济体系。这是十九大报告中基于建设社会主义现代化强国的目标，创新性地提出来的一个突出的、具有建设性的重要范畴。十九大报告新提出的“现代化经济体系”这一概念，在一定程度上融合了“经济现代化”和“现代产业体系”这两个概念的内涵。不同的是，它是指整个国家的相互联系、相互影响的经济系统，在发展总量和速度、发展水平和质量、发展结构和要素、空间布局的性状、体制机制运行、开放发展程度等诸多方面的现代化水平和状态。相对于全面建成现代化强国的战略目标来说，它是新时代中国特色社会主义现代化建设的一个最重要的最基础性的建设子目标和内容。为了实现这个子目标，必须以建设现代产业体系为重要的物质基础。为此，建设现代化的经济体系要坚持质量第一、效率优先的方针；以深化供给侧结构性改革为主线，推动质量经济、综合要素生产率和发展新动力的三大变革；要建设实体经济、科技创新、现代金融、人力资源四者协同的现代产业体系；要建设能够支撑现代化经济体系的经济体制和机制，让市场机制有效、微观主体有活力、宏观调控有度。新时代我国现代化经济体系构建的基本路径和基本方略，需要我们结合中国国情和客观实际把它们具体化为行动纲领。在这个过程中，需要重点关注构建现代化经济体系的第一动力是建设创新型国家，基础环节是振兴乡村经济，空间支撑结构是区域协调发展，以及全方位开放是其良性的循环机制。

54.《中国经济改革的实践丰富和发展了马克思主义政治经济学》

第一作者：吕政

期刊：《中国工业经济》

时间：2017 年第 10 期

中国经济改革的实践不断丰富和发展了马克思主义政治经济学理论。中国处在社会主义初级阶段的科学论断，遵循和发展了马克思主义关于社会主义社会发展阶段的理论。有中国特色的社会主义显示出强大的生命力，其基本内涵是：政治上坚持中国共产党领导；思想上坚持马克思主义为指导并与中国国情相结合；经济制度上坚持公有制为主体和多种所有制经济共同发展，实行社会主义市场经济；在社会主义的根本任务上，坚持以经济建设为中心，不断解放生产力、发展生产力，实现共同富裕，消除两极分化；在对外关系上，坚持独立自主的和平外交政策和对外开放的方针。社会主义市场经济的理论和政策，发展了马克思主义政治经济学关于商品生产和商品交换的理论、价值规律理论，突破了社会主义与市场经济对立的认识，并稳妥地推进了由计划经济向社会主义市场经济的转变。中国经济体制转型的实践证明，社会主义与市场经济完全能够实现统一和兼容。

公有制经济为主体，国有经济为主导，非公有制经济不断发展壮大的所有制结构，是中国特色社会主义的经济基础。这种所有制结构既坚持发展社会主义公有制经济，又鼓励和支持非公有制经济的发展。混合所有制经济既能够促进资本集中，又有利于实现资本社会化，避免社会财富分配的两极分化。中国关于资源配置的产业结构理论和产业政策发展了马克思主义政治经济学的社会主义扩大再生产理论，包括正确处理积累与消费的关系、正确把握产业结构演变与升级的趋势、正确处理实体经济与虚拟经济的关系等。最后，探讨了如何认识经济学与政治经济学的联系与区别，以及关于政治经济学的研究方法问题。

55.《**复杂劳动还原与产品的价值决定：理论和数理的分析**》

第一作者：孟捷

期刊：《经济研究》

时间：2017 年第 2 期

复杂劳动还原是马克思主义经济学中一直没有得到妥善解决的传统难题。正如马克思所说，复杂劳动还原“是在生产者背后由社会过程决定的”。至于这一“社会过程”的具体内涵，马克思主义者却一直从不同的角度在解读。以希法亭为代表的分析传统侧重于从价值生产过程的角度来分析这一“社会过程”；鲁宾则指出了价值实现环节的重要性。迄今这些从不同角度进行的解读还是各自独立的，并没有形成一个统一的分析框架。本文在一个崭新思路的指引下重新考察了复杂劳动还原问题，主要包括以下几点：首先批判地考察了过往关于复杂劳动还原的理论，尤其是希法亭的理论，在汲取这些理论的合理要素的基础上，重新诠释了教育培训劳动与产品的价值形成过程的关系，将二者视为一个统一的劳动过程的两个前后相继的阶段。在此基础上，提出应同时立足于两种社会必要劳动的概念，将希法亭和鲁宾所代表的两种理论传统经过适当的修正综合在一个框架里。其次，据此设计了可以求解复杂劳动还原系数的新模型，该模型由产品价值生产方程和交易方程共同构成。根据这一模型的求解结果，复杂劳动还原系数取决于相关部门劳动时间的货币表现（MELT）与社会平均的劳动时间的货币表现之比。最后，进一步探讨了如何在经验中识别相关部门是否存在复杂劳动还原的问题，并给出了一个简易的解决方法。复杂劳动还原问题的解决思路不仅为劳动价值论研究做了发展，同时为一系列其他理论的研究开辟了前景，譬如，它将有助于发展马克思主义的竞争理论；此外，它还可用于解释部门乃至社会净产出价值量伴随生产率进步而实现的增长，这对于发展马克思主义的内生增长理论具有重要的意义。

56.《非均衡与平均利润率的变化：一个马克思主义分析框架》

第一作者：孟捷

期刊：《世界经济》

时间：2016 年第 6 期

马克思的利润率下降理论是在假设再生产均衡的前提下讨论的。在现代马克思主义经济学中流行的“置盐定理”也建立在该假设之上。本文则从资本积累的基本矛盾以及由此产生的再生产失衡的立场出发，构建了一个新的解释平均利润率变动的模型。本文第一部分讨论了马克思的一般利润率下降规律与资本积累基本矛盾的关系，指出应该在剩余价值生产和剩余价值实现的矛盾架构下考察利润率动态。第二部分对置盐模型做了介绍，并对其中的一些技术性问题做了探讨。第三部分通过引入资本积累的基本矛盾，在非均衡的前提下改造了置盐提出的生产价格和利润率的决定方程。第四部分在前文讨论的基础上，构建了一个解释平均利润率变动的一般模型，根据这个模型，平均利润率变化是由技术进步、实际工资和产品实现率这三个因素决定的。最后是全文的结论，总结了本文构建的模型对今后的理论和经验研究的意义。特别指出，如果在计量分析中能有效地解决这三个因素（尤其是产品实现率）的经验度量问题，则该模型也可为解释经济周期和危机的经验研究奠定理论基础。

57.《复杂劳动还原与马克思主义内生增长理论》

第一作者：孟捷

期刊：《世界经济》

时间：2017 年第 5 期

围绕劳动生产率和社会净产出价值量成正比的讨论，为从劳动价值论角度解释国民收入增长奠定了基础。单位时间净产出可以分解为净产出价值和劳动生产率，这意味着净产出的增长不仅取决于生产率，而且在特定条件下还取决于净产出价值的增长。根据本文的观点，与生产率进步相伴随的复杂劳动还原，造成了部门乃至社会净产出价值量的增长；由于复杂劳动还原的出现只限于某些部门和某些企业，并不能同时遍及所有企业和部门，这就意味着社会净产出价值量的增长是以生产率在部门及企业之间的结构性差异为前提的。生产率的这种结构性差异越大，促进增长的价值效应就越显著；生产率的这种结构性差异一旦消失，促进经济增长的价值效应也就不再发挥作用。这一观点可用于解释与技术革命和技术－经济范式生命周期相对应的经济增长速度转换。对复杂劳动还原和社会净产出价值量关系的分析，为发展一种以劳动价值论为基础的内生增长理论——马克思主义内生增长理论创造了可能性。本文认为，这些结论从马克思主义经济学的角度解释了熊彼特及演化经济学的假设——中观（及微观）层面的技术变革和由此带来的生产率结构性差异，是推动宏观经济增长的根本动因之一。

58.《经济发展新常态中的主要矛盾和供给侧结构性改革》

第一作者：逄锦聚

期刊：《政治经济学评论》

时间：2016 年第 2 期

对我国经济发展新常态下主要矛盾和矛盾主要方面的判断是供给侧结构性改革的重要理论和实践依据。我国经济进入新常态后出现了一些亟待解决的问题，如经济增长速度下滑、部分行业产能过剩、创新驱动不足、发展方式和产业结构不合理、生产和投入效率不高等，这些问题进一步证实了我国处于并将长期处于社会主义初级阶段的基本国情没有变，社会主要矛盾是人民日益增长的物质文化需要与落后的生产力发展水平之间的矛盾没有变，而其中落后的生产力发展水平处于矛盾的主要方面。在适度扩大总需求的同时，着力加强供给侧结构性改革，既不能照搬凯恩斯主义，也不能照搬以供给学派为理论基础的里根经济学，必须坚持以马克思主义政治经济学的“生产—分配—交换—消费”对立统一关系和社会总产品实现的基本原理为指导，坚持中国特色社会主义政治经济学的八项重大原则：第一，坚持以人民为中心的基本原则；第二，坚持矛盾分析和抓住主要矛盾、解决主要矛盾的原则；第三，坚持解放生产力发展生产力和创新、协调、绿色、开放、共享的发展理念的原则；第四，坚持社会主义初级阶段基本经济制度不动摇的原则；第五，坚持和完善社会主义基本分配制度的原则；第六，坚持按比例分配社会劳动和协调发展的原则；第七，坚持社会主义市场经济改革方向，妥善处理政府和市场的关系的原则；第八，坚持对外开放基本国策不动摇的原则。

59.《中国特色社会主义政治经济学的民族性与世界性》

第一作者：逄锦聚

期刊：《经济研究》

时间：2016 年第 10 期

自马克思主义进入中国，经过新民主主义革命时期和社会主义经济建设时期的长期探索，到改革开放新时期的今天，中国特色社会主义政治经济学已经形成并正在进一步发展。中国特色社会主义政治经济学既揭示中国特色社会主义经济的特殊规律，也揭示人类经济发展的一般规律；既具有民族性，也具有世界性；既是中国人民智慧的结晶，也是人类的共同财富。中国特色社会主义政治经济学的民族性包含两重含义：一重含义是，与实行非社会主义制度的国家相比较，在基本立场、基本观点、基本方法和表现形式上呈现的民族性；另一重含义是，与马克思恩格斯设想的未来社会和现实中实行社会主义制度的其他国家相比较，在基本理论观点和表现形式上呈现的特殊性。中国特色社会主义政治经济学的世界性也包含两重含义：一重含义是在中国特色社会主义政治经济学的民族性内容中，包含着人类共同的价值追求，具有世界范围经济学理论的一般性和普遍性；另一重含义是中国特色社会主义政治经济学应该而且可以与别国经济理论与实践相互学习和借鉴。无论是民族性还是世界性，关键在于创新。中国特色社会主义政治经济学只有立足我国国情和实践，吸收中华优秀传统文化，同时又能认真吸取别国经济学的有益成分和实践经验，提出具有主体性、原创性的理论观点，构建具有自身特质的学术体系、话语体系，才能真正形成自己的特色和优势，并为世界经济和经济学理论的发展贡献中国智慧。

60.《马克思生产、分配、交换和消费关系的原理及其在经济新常态下的现实意义》

第一作者：逄锦聚

期刊：《经济学家》

时间：2016 年第 2 期

从 2010 年开始，由内生因素决定并受国际金融危机的影响，以我国经济增长速度由高速增长转为中高速增长为标志，我国经济发展进入新常态。对我国经济新常态的分析，有两种主要的经济学方法。一种是马克思经济学的分析方法，即建立在唯物史观基础上的生产、分配、交换和消费对立统一关系的分析方法。一种是发端于凯恩斯后为西方主流经济学惯用的总需求分析方法。按照马克思经济学的基本原理来分析我国经济发展进入新常态的原因，虽然结构性需求不足也是原因之一，但不是主要原因。其主要的原因在生产领域，如生产方式粗放、产业结构不合理、生产效率不高和科技对生产的贡献不大等，这实际是我国人民日益增长的物质文化需要同落后的社会生产之间的社会主要矛盾表现出的阶段性特征。因此，要适应和引领经济新常态，保持我国经济持续健康发展，必须把马克思主义经济学的基本原理与中国实际相结合，发展当代中国马克思主义政治经济学。基于此，认识引领新常态，保持国民经济创新发展、协调发展、绿色发展、开放发展、共享发展，要牢牢把握我国所处发展阶段的社会主要矛盾，把发展生产力摆在首位，坚持发展是硬道理不动摇；要加快转变发展方式，调整经济结构，着力创新驱动，创造新供给；要妥善处理质量、效益和速度之间的关系，保持经济稳定的中高速增长；把深化改革和惠及民生紧紧结合。而对于需求和消费不足要客观分析，并有针对性地采取措施，我国出现的需求不足是结构性需求不足，不宜笼统地认为我国已经是“过剩经济”。

61.《构建和发展中国特色社会主义政治经济学的三个重大问题》

第一作者：逄锦聚

期刊：《经济研究》

时间：2018 年第 11 期

改革开放 40 年最显著的成就之一，是实现了中国经济社会的巨大发展，积累了建设中国特色社会主义的丰富经验，为中国特色社会主义政治经济学的构建和发展提供了坚实的实践基础和强大动力。从中国国情出发，根植改革开放和现代化建设实践，本文在充分肯定构建和发展中国特色社会主义政治经济学的必要性和现实可能性的前提下，阐释、回答了三个问题，即构建和发展什么样的中国特色社会主义政治经济学，怎样构建和发展中国特色社会主义政治经济学，谁来构建和发展中国特色社会主义政治经济学。本文认为，坚持科学性、人民性、实践性、发展性、开放性是中国特色社会主义政治经济学的本质属性和要求，也是构建和发展中国特色社会主义政治经济学的根本方向和基本标准；坚持以马克思主义为指导，总结好当代中国经济建设和改革开放的实践经验，坚持问题导向，加强对时代和实践发展提出的重大课题研究，吸收中国传统文化中的优秀经济思想，学习和借鉴世界各国文明成果，是构建中国特色社会主义政治经济学的根本途径；构建和发展中国特色社会主义政治经济学，不是单一学科和少数人的事情，而是需要多学科共同努力，汇聚广大的学者队伍，共创中国特色社会主义政治经济学的辉煌。在新的时代和实践条件下，中国特色社会主义政治经济学的历史使命主要是为社会主义经济建设、改革发展和全面建设社会主义现代化强国提供理论指南。中国特色社会主义政治经济学要承担起这样的使命，就要立足时代，立足我国国情和发展实践，发展当代中国马克思主义政治经济学，就要揭示系统的经济学说，开辟21世纪马克思主义政治经济学的新境界。

62.《中国特色社会主义政治经济学论纲》

第一作者：逄锦聚

期刊：《政治经济学评论》

时间：2016年第5期

本文比较系统地阐述了中国特色社会主义政治经济学在中国经济建设、改革发展中的指导地位；阐述了中国特色社会主义政治经济学的形成过程，即从新民主主义革命时期到中华人民共和国成立后的过渡时期和社会主义改造时期，再到改革开放新时期；阐述了中国特色社会主义政治经济学作为一门学科的研究对象是中国社会主义初级阶段的生产方式及与之相适应的生产关系和交换关系，其任务是揭示社会主义经济运动规律，为完善社会主义经济制度、促进生产力发展、满足人民日益增长的物质文化需要、实现人的全面发展、实现共同富裕提供理论指导；阐述了中国特色社会主义政治经济学的根本方法论是辩证唯物主义和历史唯物主义，具体表现为矛盾分析法、抽象法、历史与逻辑相统一的方法、人是历史主体的分析方法、以实践为基础的分析方法、实证方法、数学分析的方法等；阐述了中国特色社会主义政治经济学的研究主线是发展经济、满足需要；阐述了中国特色社会主义政治经济学的体系结构主要包括经济制度和发展阶段、经济运行、经济发展以及世界经济和开放问题等；阐述了中国特色社会主义政治经济学的主要理论，包括以人民为中心的思想、社会主义初级阶段的基本经济制度和分配制度、社会主义市场经济理论、新发展理念、对外开放和建设开放型经济新体制等；提出中国特色社会主义政治经济学是开放的发展的科学，阐述了发展中国特色社会主义政治经济学的主要方向、着力点和需要处理好的几个重要关系，包括发展中国特色社会主义政治经济学过程中理论创新与实践的关系、中国特色社会主义政治经济学与马克思恩格斯创立的政治经济学的关系、中国特色社会主义政治经济学与西方经济学的关系、中国特色社会主义政治经济学与中国传统文化中的经济思想的关系和中国特色社会主义政治经济学中国化与国际化的关系。

63.《把握“根”与“魂” 开拓新境界》

第一作者：逄锦聚

期刊：《中国社会科学》

时间：2016 年第 11 期

中国特色社会主义政治经济学是植根于中国的土壤，立足当代中国国情和中国发展实践而产生的政治经济学。中国特色社会主义政治经济学与马克思恩格斯创立的、后为列宁毛泽东等继承发展的马克思主义政治经济学一脉相承，是马克思主义政治经济学基本原理与当代中国实际相结合，同时吸取中国历史优秀文明成果和世界其他国家优秀文明成果的产物，是中国化、时代化了的马克思主义政治经济学。发展中国特色社会主义政治经济学，要牢牢立足于当代中国的国情和伟大实践，充分吸收和弘扬中华民族几千年的优秀传统文化，这是中国特色社会主义政治经济学的“根”，同时必须旗帜鲜明地坚持以马克思主义为指导，这是中国特色社会主义政治经济学的“魂”。经济学坚持以马克思主义为指导，归根结底是坚持以马克思主义政治经济学的基本原理为指导，核心要解决好“为什么人”的问题。这是发展中国特色社会主义政治经济学的根本性、原则性问题，是经济学工作者分析和解决问题的出发点与立足点。发展中国特色社会主义政治经济学，就要把马克思主义政治经济学基本原理与当代中国实践结合起来，与弘扬优秀传统文化结合起来，与时代特点结合起来，实现“根”与“魂”的紧密统一，其重点在创新，根本目的在应用，这就要求我们必须妥善处理中国特色社会主义政治经济学的民族性与世界性的关系，既立足中国实际，突出我国的主体性、民族性，又广泛汲取世界各国的成功经验和优秀成果，从而进一步创新发展马克思主义政治经济学，为世界贡献中国智慧。

64.《论创新驱动——马克思主义政治经济学的分析视角》

第一作者：裴小革

期刊：《经济研究》

时间：2016 年第 6 期

本文主要从理论基础、能力来源、不同类型和动力组合等几个方面，对创新驱动的有关理论和实践问题进行探索分析。马克思主义政治经济学和西方经济学的区别，是包容性较大的理论和局限性较大的理论之间的区别，这种区别主要表现在其代表的社会阶层和研究内容两个方面。就代表的社会阶层来看，马克思主义政治经济学把各阶层劳动者都看作是经济活动的主体，承认财富是劳动者们借助各种工具共同创造的，它代表了最广大人民群众的根本利益；就研究内容来看，马克思主义政治经济学认为生产过程具有两重性，一方面是体现人与物之间关系的劳动过程，另一方面是体现人与人之间的价值增殖过程。因此，把创新驱动理论建立在马克思主义政治经济学的基础上，既可以包容西方经济学中一切有用成果为我所用，又可以揭示资本主义市场经济的局限性，充分研究最广大人民群众不同于物的特点。在马克思主义政治经济学基础上提出的创新驱动概念，是指一切能够创造出满足人们新需要的新型使用价值以驱动经济发展的劳动。创新驱动能力的大小不仅要由人力投资的数量决定，而且要由人们如何使用它们的劳动来决定，包括人的教育学习实践、劳动工作实践和创新驱动实践。创新驱动的两种类型是创业型创新驱动和就业型创新驱动。在鼓励创业的同时还需要鼓励创业企业多做创业型创新驱动以推动科技创新，推动新发明、新产品、新市场、新组织的出现，从而推动转变经济发展方式。国家的经济发展既需要有人在创业活动中从事创新驱动，也需要有人在就业活动中从事创新驱动。企业对从事创新驱动的就业者给予劳动成果回归性报酬，会极大地激发就业者的创新热情，这对企业和社会生产力的提高，以及企业自己的长远利益，都会产生积极的影响。社会各阶层人民都是创新驱动的主体，经济的持续健康发展必须依靠全社会各阶层人民发挥出不同类型的创新驱动，结成动力组合，相互补充、相互支持，共同努力来实现。通过把科技型创新驱动与产品型、服务型创新驱动组合起来，将经营型创新驱动与管理型、文化型、制度型创新驱动组合起来，将创业型创新驱动与战略型、组织型、就业型创新驱动组合起来，不同创新驱动相辅相成、互相支撑，组成更大的创新驱动合力。

65. 《中国特色开放型经济理论研究纲要》

第一作者：裴长洪

期刊：《经济研究》

时间：2016 年第 4 期

在我国对外开放的长期实践中，中国共产党提出并创立了“开放型经济”理论，成为中国特色社会主义政治经济学的有机组成部分。它遗传了马克思主义优化培育的基因，深深扎根于我国亿万人民对外开放的伟大实践，经过广大理论工作者的辛勤浇灌，已经成长为参天大树。它创新了马克思主义世界市场理论、国际分工理论以及毛泽东三个世界划分的理论，成为中国改革开放的基本实践和基本经验的理论总结。它的理论框架包括：完善互利共赢、多元平衡、安全高效的开放型经济体系；构建开放型经济新体制；培育参与和引领国际经济合作竞争新优势；完善对外开放战略布局；积极参与全球经济治理和公共产品供给。作为纲要，本文只是提出了理论的基本架构，尚有大量内容需要研究和充实。在建设和发展中国特色开放型经济理论中，我们能够从西方国际经济学知识体系中借鉴的内容并不多，可以直接为我所用的更少，因此中国经济学者应当有这样的使命感和自信心，我们必须走自己的路，创造中国自己的学术体系和理论范式。但是，中国经济学研究在西方经济学学术体系的强烈影响之下，要想走出一条反映中国特色社会主义经济发展规律的、具有中国风格和中国气派的理论发展道路，确实任重道远。

66.《国有企业混合所有制改革：动力、阻力与实现路径》

第一作者：綦好东

期刊：《管理世界》

时间：2017 年第 10 期

发展混合所有制是现阶段我国国有企业改革的重要内容和关键突破口，分析改革的动力与阻力，明晰其实现路径有助于改革的顺利推进。目前我们所称的“混合所有制改革”，其实就是指针对国有企业一股独占和一股独大的现实，意在通过非公有资本参股国有企业、首次公开上市、员工持股等方式，提高国有企业股权多元性，促进各类所有制资本取长补短、共同发展的制度创新。国有企业混合所有制改革的动力主要在于提升经济绩效、改善企业治理、促进社会稳定与可持续发展，而改革的阻力则主要来自部分既得利益者的阻碍、落后激励机制的制约、意识形态的固化及公众对变革的担忧。因此，要实现国有企业混合所有制改革的目标，必须选择有效的实现路径。第一，因企施策、多种方式推进混合所有制改革。采用的主要方式包括以公开上市为主的资本市场操作、采用“内引外投”双向投资、成立国有资本投资运营公司及设立国企改革基金、实施员工持股等。第二，完善制度设计，改善国有资产经营激励机制。通过构建以管资本为主的国资监管体制和建立企业经营者的市场化选聘与激励机制来推进改革。第三，切实加强各类产权的法律保护，维护公众利益。改革所涉及的主要法律问题是混改过程中和“混合”之后的产权保护，尤其要维护好包括企业普通员工在内的公众利益。

67.《唯物史观、动态优化与经济增长——兼评马克思主义政治经济学的数学化》

第一作者：乔晓楠

期刊：《经济研究》

时间：2017 年第 8 期

本文以推动马克思主义政治经济学的创新发展为目标，以马克思主义最优经济增长理论为线索，在系统评述该理论的建模特点与主要结论的基础上，通过与西方经济学数学模型的对比辨析，对马克思主义政治经济学数学化的基本原则与建模思路进行了探讨。概括而言，结论包括以下四点：第一，马克思主义政治经济学并不排斥数学方法，但是对其进行数学化建模的过程必须要以坚持历史唯物主义的研究方法作为基本原则。只有这样才能使经济学研究不至于“忘记历史”，并做到与时俱进。第二，坚持历史唯物主义的方法就是要求马克思主义政治经济学的数理模型必须兼顾生产力与生产关系两个层面，即抓住生产力与生产关系这对矛盾及其运动来对经济社会的运行规律进行分析。第三，马克思主义政治经济学的数学化必须坚持在劳动价值论的基础上，构建一种包含工人与资本家两种行为主体，区分生产资料与消费资料两大部类，并且纳入剥削关系与迂回生产特点的动态模型可能是一种可行的建模思路。第四，实践是检验真理的标准，基于马克思主义政治经济学的基本原理完成数学模型的构建，还必须充分重视其与实证研究的结合，一方面通过实证研究改进完善数理模型，另一方面以数理模型促进对现实经济运行机制认识的深化。马克思主义最优经济增长理论也仅是马克思主义政治经济学数学建模的方向之一，且无法涵盖数理分析的全貌，但其毕竟在数学化方面进行了有益的探索，并初步建立了一个相对完整的框架。实际上，世界经济与中国经济的运行才是推进马克思主义政治经济学建模的灵感源泉。

68.《马克思主义政治经济学对于供给侧结构性改革的现实指导意义》

第一作者：邱海平

期刊：《红旗文稿》

时间：2016 年第 3 期

马克思主义政治经济学是中国特色社会主义的理论基础，它不仅科学地揭示了人类社会经济发展的一般规律，而且科学地揭示了资本主义社会经济发展的特殊规律，并且对于社会主义经济发展也提出了科学的预见。自“供给侧结构性改革”概念提出以来，学术界提出了各种不同的解读。正确理解供给侧结构性改革，必须坚持以马克思主义政治经济学为指导；也只有从马克思主义政治经济学的基本理论和方法出发，才能正确理解供给侧结构性改革中的一系列重大问题，避免陷入新自由主义的理论陷阱之中。首先，供给侧结构性改革应坚持生产力与生产关系辩证统一的原理。既要从生产力的角度来认识供给侧，也要注重从生产关系的角度来认识供给侧。其次，供给侧结构性改革应坚持社会主义方向，不能迷信资本主义市场经济。建立在生产资料公有制基础之上的社会生产计划，能够避免资本主义生产无政府状态所产生的周期性经济危机和社会经济资源的巨大浪费，从而能够更加有效地保持社会生产的快速和可持续发展。再次，解决供给侧问题需要全面深化经济体制改革。其核心问题是进一步处理好政府与市场的关系，其中中央政府与地方政府以及地方政府与市场的关系尤为重要。最后，供给侧改革既应强调供给又要关注需求，既要着眼当前又要立足长远。资本主义经济发展的实践表明，无论是凯恩斯主义经济学还是新自由主义经济学，都没能科学地认识资本主义社会的经济发展规律。因而，发达资本主义国家依据这两种经济学理论所制定的，无论是新自由主义政策还是国家宏观调控政策，由于没有从根本上消除资本主义生产方式或经济制度所固有的内在矛盾，从而也未能消除资本主义所固有的周期性经济危机。因此，我国的供给侧结构性改革必须坚决抵制这两种经济学理论和思潮的干扰，必须坚定不移地依据马克思主义政治经济学的基本理论来制定供给侧结构性改革各方面的具体政策。

69.《供给侧结构性改革必须坚持以马克思主义政治经济学为指导》

第一作者：邱海平

期刊：《政治经济学评论》

时间：2016 年第 2 期

自“供给侧结构性改革”这一概念提出以来，学术界提出了各种不同的解读。其中存在两种明显不同的理解和思路，一种是新自由主义的理解和思路，一种是马克思主义政治经济学的理解和思路。本文认为，供给侧结构性改革必须坚持以马克思主义政治经济学为指导。首先，分析了马克思主义政治经济学关于经济发展的基本观点，表明迷信资本主义市场经济是没有出路的。如社会经济发展过程表现为生产、分配、流通和消费四个环节同时存在并且相互转换的过程；社会生产中始终存在生产力与生产关系两个方面及其对立统一关系；不同性质和阶段的社会条件下的经济发展又具有不同的特殊规律；资本主义条件下的经济发展以追求无止境的价值增殖或赚钱为目的；资本主义生产方式的内在矛盾表现在各个方面。其次，改革经济体制和经济增长模式才是治本之策。对于当前的中国经济问题，必须抓住经济发展的“牛鼻子”，坚持全面深化经济体制改革，尤其是要处理好政府与市场的关系。再次，在强调供给侧改革的同时，必须进一步重视需求侧的作用。只有把供给侧的改革和需求侧的改革结合起来，才能真正改善新常态下的经济发展状况。此外，在供给侧结构性改革中，还必须正确理解和处理好长期经济变量和短期经济变量之间的关系，一方面要注重影响长期经济变量的经济体制方面的改革，另一方面又必须采取有关政策措施解决短期经济变量方面存在的问题，既要把这两个方面区别开来，又要对它们进行统筹。

70.《新时代我国高质量发展评判体系的构建及其转型路径》

第一作者：任保平

期刊：《陕西师范大学学报（哲学社会科学版）》

时间：2018 年第 3 期

高质量发展就是经济的总量与规模增长到一定阶段后，经济结构优化、新旧动能转换、经济社会协同发展、人民生活水平显著提高的结果。十九大报告指出我国经济已经由高速增长阶段转向了高质量的发展阶段，意味着中国经济步入提质增效的新时期。在这一新阶段如何将经济从高速增长转向高质量发展是新时代背景下中国经济增长中的关键问题。高质量发展阶段比高速增长阶段有更高的要求，高质量发展的内涵包括：经济发展高质量、改革开放高质量、城乡建设高质量、生态环境高质量、人民生活高质量。高质量发展的特征主要体现在：产业结构的合理化与高级化；创新成为推动经济发展的第一动力；供给体系质量的提高；人民对美好生活的需要将会得到不断满足。要实现我国经济从高速增长向高质量发展的转变，就需要构建高质量发展的评判体系。高质量发展的评判体系包括：高质量发展的指标体系、政策体系、标准体系、统计体系、绩效评价体系、政绩考核体系。高质量发展的关键是要解决发展不平衡、不充分问题，新时代我国经济从高速增长向高质量发展转型的路径在于：构建现代化的经济体系，提高经济体系的质量；实现质量变革、效率变革和动力变革，提高发展动力的质量；实现活力、效益与质量的有机结合，提高供给体系的质量；提升企业效率，构建高质量发展的微观主体；发挥质量型政策的作用，建立高质量发展的宏观调控体系。

71.《新时代中国经济从高速增长转向高质量发展：理论阐释与实践取向》

第一作者：任保平

期刊：《学术月刊》

时间：2018 年第 3 期

十九大报告做出中国特色社会主义进入了新时代的重大判断，同时指出中国经济已由高速增长阶段转向高质量发展阶段，这一判断深刻揭示了中国经济发展进入新阶段的特征。新时代反映的经济发展的阶段性变化表现在：由低收入阶段转向中等收入发展阶段，经济增长受资源和环境条件的约束，由数量型高速增长转向质量效益型增长，经济发展目标由摆脱贫困转向基本实现现代化。进入新时代意味着我们必须扬弃过去数量型的经济发展模式，探索高质量发展道路。高质量发展是比经济增长质量范围宽、要求高的质量状态。高质量发展的理论导向表现在：第一，提高供给的有效性，如加快产业和产品结构调整，改善产品供给，推进科技和产业创新，改善技术供给，发挥民间投资的作用，改善供给主体结构；第二，实现公平性发展，包括在初次分配领域建立提高劳动报酬比重的机制，在再分配领域强化公平分配的机制，建立先富帮后富的机制，解决好财富公平的问题；第三，走生态文明道路，如优化国土空间开发格局，积极推进主体功能区战略，积极推进绿色发展，建立科学的绿色发展的制度体系，深度参与全球气候治理；第四，强调人的现代化，包括人的思想观念和素质能力的现代化，以制度创新为保证，实现人的现代化。新时代中国经济由高速增长阶段转向高质量发展阶段的实践取向体现在：创新成为第一动力；实现遵循规律的科学发展，包括遵循经济规律、自然规律和社会规律；转向中高速增长；迈向中高端结构，前瞻性地培育战略性新兴产业，有效推进传统制造业的改造；走文明发展道路，包括物质文明、精神文明、政治文明、生态文明和社会文明道路。

72.《习近平国有经济思想研究略论》

第一作者：宋方敏

期刊：《政治经济学评论》

时间：2017 年第 1 期

围绕“完善和发展中国特色社会主义制度，推进国家治理体系和治理能力现代化”的全面深化改革总目标，以习近平同志为核心的党中央提出了一系列治国理政的新理念、新思想、新战略。国家改革和发展的基础是经济改革和发展。国家治理体系和治理能力现代化，首先是经济治理体系和治理能力要现代化。其中，国有经济和国有企业如何定位、如何改革，是重中之重、关键的关键。习近平国有经济思想是中国特色社会主义政治经济学的核心理论，是习近平治国理政思想的重要根基部分，是新常态下中国经济改革和发展的重要指导思想。本文试着就习近平国有经济思想的确立依据、研究意义、基本内容框架和方法论原则作出概略阐释，旨在为深入学习研究这一宝贵的理论创新成果提供参考，推动国企改革实践全面贯彻落实。从研究的角度梳理内容，可细分为地位作用、改革方向、企业制度、产权探索、转型发展等五个方面，是一个博大精深又切合实际的科学体系。研究习近平国有经济思想，必须遵循科学的马克思主义方法，实事求是，坚持姓马与姓中的统一、继承与创新的统一、经济与政治的统一、理论与实践的统一、总结与探索的统一。习近平同志坚持科学社会主义的基本原则，从当今中国具体实际出发，深刻而系统地回答了在我国全面深化改革和经济转型发展的新的历史进程中“如何更好地体现和坚持公有制主体地位，如何搞好国有企业、发展壮大国有经济”的一系列基本问题，形成了一套内容完整、逻辑严密、思想精深、实践管用的科学体系，对中国特色社会主义国有经济理论作出了重大创新。这一成果，充分体现了坚持中国特色社会主义道路、理论和制度的根本要求，是中国特色社会主义理论体系的重要组成部分。坚持中国特色社会主义道路、理论和制度，就必须确立习近平国有经济思想。只有确立、研究、宣传和贯彻习近平国有经济思想，才能够从经济基础的理论根基上支撑起中国特色社会主义道路、理论和制度的巍巍大厦。

73.《习近平新时代中国特色社会主义思想的理论创新研究述论》

第一作者：孙建华

期刊：《毛泽东邓小平理论研究》

时间：2018 年第 8 期

当前学界从整体性、分领域、列专题三个维度对习近平新时代中国特色社会主义思想理论创新进行了比较充分的探讨，成果涉及学科领域广，理论分析透彻，不少观点思想深邃、见解独到，形成了一系列理论建树，这在一定程度上为人们深刻把握时代主题、解决社会主要矛盾、实现中华民族伟大复兴提供了基本遵循、价值指引和重要保障。与此同时，有不少文章都以党的十九大报告为研究蓝本，局限于文本性解读和概括性提炼，缺少历史钩沉和实践依据，也有一些研究成果在其阐述中几乎表述雷同，没有太多创新之处，只具宣传性，缺少学理性和深度阐释，在理论上没有力度，也缺少思想深度。由此，基于以上从整体性、分领域、列专题三个维度对习近平新时代中国特色社会主义思想理论创新进行研究的有效路径，仍需从以下两个方面实现研究的突破性进展：首先，在整体性研究上进行范式转换和方式创新，力求从哲学认识论的高度对其进行系统全面的解读，并有联系地展开对新情况、新问题、新特点作新的科学分析和理性解答；其次，在分领域和列专题的研究中实现纵深发展与横向关联，深入探究新时代马克思主义在中国民族化的具体之道、实现形式和发展形态以及马克思主义的时代大众化与中国化的现实可能性及其历史必然性。切实从研究的力度、探讨的深度以及达到的程度等方面提高研究的科学性、全面性、系统性、有效性、真实性和关联性，才能使习近平新时代中国特色社会主义思想研究有突破性的进展。

74.《习近平经济思想与中国特色社会主义政治经济学构建》

第一作者：王东京

期刊：《管理世界》

时间：2017 年第 11 期

习近平总书记在党的十九大报告中提出了中国特色社会主义进入新时

代的政治判断，全面阐释了新时代中国特色社会主义思想和基本方略，也集中体现了习近平总书记的经济思想。本文就如何运用习近平经济思想指导中国特色社会主义政治经济学的构建谈了几点认识：首先，要以习近平“坚持以人民为中心”的思想为主线。坚持以人民为中心的发展思想是由党的性质和社会主义的本质决定的，这也是马克思主义政治经济学的根本立场，当代中国的政治经济学的建设必须坚持马克思主义的立场，即人民立场，习近平总书记一再强调必须坚持人民主体地位的科学论述为中国特色社会主义理论赋予了新的内涵，同时也为构建中国特色社会主义政治经济学确立了主线。其次，以五大新发展理念为理论框架。就此本文认为新发展理念是习近平总书记根据我国经济发展实践总结提炼出的规律性成果，是将实践经验上升为系统化的经济学说，同时也是一个完整的逻辑体系，它系统解决了怎样做大、做好蛋糕，以及怎样分配蛋糕的问题。再次，本文认为习近平关于处理政府与市场关系的思想为中国特色社会主义政治经济学研究资源配置确定了基本范式。其原因是党的十九大报告中强调“使市场在资源配置中起决定性作用，更好发挥政府作用”是在阐述“坚持新发展理念”时讲的，贯彻落实新发展理念涉及资源配置的方式改革与调整，而核心问题就是要正确处理政府与市场的关系。从这个角度看，习近平总书记上述关于政府与市场关系的思想，其实是为中国特色社会主义政治经济学研究资源配置确定了基本范式。最后，习近平总书记关于“供给侧结构性改革”的思想为研究经济持续健康发展提供了中国方案。它基于我国的经济发展实践，综合研判全球经济大势和我国经济发展新常态作出的重大战略抉择，是符合中国国情的、可以保证经济持续健康发展的中国方案。从这个意义上看，习近平总书记的“供给侧结构性改革”思想，无疑是中国特色社会主义政治经济学的重大成果和重要组成部分，对世界上其他国家解决结构性问题也具有借鉴价值。

75.《论中国特色社会主义政治经济学理论来源》

第一作者：王立胜

期刊：《经济学动态》

时间：2016 年第 5 期

中国特色社会主义政治经济学是正在形成和发展的当代马克思主义政治经济学，其理论来源可以概括为五个方面：马克思主义经典作家的著作、苏联东欧社会主义建设的理论遗产、中国传统文化的"基因"、非马克思主义经济学的文明成果和中国特色社会主义建设的理论成果。本文以"马克思主义经典作家的著作"为重点，对这五种理论来源进行了阐述与论证。在"马克思主义经典作家的著作"中，主要分析了"以人为本"是中国特色社会主义政治经济学的立足点和出发点，唯物主义历史观为正确认识人类社会提供了科学的历史观和方法论，重点论证了"剩余价值理论同样适用于中国特色社会主义市场经济"这一重要命题，并探讨了《反杜林论》对中国特色社会主义政治经济学建设的指导意义，以及《帝国主义论》等对马克思和恩格斯理论的发展；在"苏联东欧社会主义建设的理论遗产"中，介绍了列宁领导的俄国特色社会主义实践和前东欧试图在计划中注入市场元素的艰辛历程；在中国传统文化的"基因"中，对与西方文化相区别的集体主义价值模式和长期导向伦理模式对中国特色社会主义建设的影响进行了分析；在非马克思主义经济学的文明成果中，论证了西方主流经济学"工具取向"的合理内容对我们的影响，重点强调"国民经济学"对中国特色社会主义政治经济学建设的意义；在"中国特色社会主义建设的理论成果"中，对中国特色社会主义政治经济学的产生与发展进行了提炼，其大体经历了奠基、破题和集成三个主要阶段。中国特色社会主义政治经济学的建设，既不是对传统马克思主义政治经济学的"修修补补"，也不是重新走向高校教学和政策决策"神坛"的政治宣言，而是一个为中国特色社会主义市场经济建设提供理论基础的"系统工程"，具有十分重要的理论价值和现实意义。

76.《中国特色社会主义政治经济学的历史逻辑》

第一作者：王立胜

期刊：《政治经济学评论》

时间：2016 年第 4 期

本文站在中国特色社会主义的现实高度，回溯中国特色社会主义政治经济学形成和发展的历史过程，以启迪中国特色社会主义政治经济学的建构和发展。中国特色社会主义政治经济学的形成和发展有一条清晰的历史线索，既一脉相承，又与时俱进。以毛泽东为核心的第一代中央领导集体对中国特色社会主义政治经济学起到了奠基作用；但当时中国社会主义建设时间不长，自身规律还没有充分展开，再加上其他一些客观和主观条件的限制，毛泽东在社会主义政治经济学上的探索必然带有那个时代的局限性。以邓小平为核心的第二代中央领导集体成功实现了中国特色社会主义政治经济学的破题，突破性地提出了社会主义市场经济论、社会主义初级阶段论和社会主义本质论。以江泽民为核心的第三代中央领导集体构建起了社会主义市场经济的基本框架，深化了中国特色社会主义政治经济学。以胡锦涛为总书记的党中央提出了科学发展观，实现了中国特色社会主义政治经济学的新拓展。党的十八大以来，以习近平为核心的党中央提出了一系列治国理政的新理念、新思想、新战略，极大地丰富了中国特色社会主义理论体系，推动了中国特色社会主义政治经济学的系统化，是马克思主义政治经济学中国化、时代化的最新成果。马克思主义不是僵化的理论，而是一个开放的理论体系，中国特色社会主义政治经济学将在全面深化改革和全面建成小康社会的新征程上不断丰富和发展，不断总结、提炼出新经济结构、新运行方式、新经济形态蕴含的新经济规律。

77.《马克思主义政治经济学是坚持和发展马克思主义的必修课》

第一作者：王伟光

期刊：《经济研究》

时间：2016 年第 3 期

习近平总书记在主持中共中央政治局第二十八次集体学习时强调，马克思主义政治经济学是马克思主义的重要组成部分，也是我们坚持和发展马克思主义的必修课。要通过认真学习马克思主义政治经济学基本原理，认真学习贯彻习近平总书记的重要讲话精神，真学、真懂、真信、真用马克思主义政治经济学，学会运用马克思主义政治经济学的立场、观点和方法，深化对我国社会主义经济发展规律的认识和把握，深化对当代资本主义内在矛盾及其发展趋势的认识和把握，深化对人类社会发展规律、社会历史发展必然趋势和对当代世界发展格局及其国际形势的认识和把握，提高领导中国特色社会主义经济发展的能力和水平，提高处理国际问题的能力和水平。总结中国特色社会主义建设新鲜经验，回答我国经济社会发展面临的新阶段、新情况、新问题，构建中国特色社会主义政治经济学，实现马克思主义政治经济学的创新发展。本文主要围绕四个方面展开：第一，马克思主义政治经济学是揭示经济社会发展客观规律的真理，是工人阶级政党领导革命、建设和改革的理论指南；第二，马克思主义政治经济学没有过时，它仍然闪烁着真理的光辉，仍然是我们今天观察和解决问题的最锐利的思想武器；第三，立足我国国情和我国发展实践，构建当代中国的马克思主义政治经济学，即中国特色社会主义政治经济学；第四，坚持和发展马克思主义政治经济学，坚定不移地把马克思主义政治经济学和当代中国马克思主义政治经济学作为经济工作和经济研究的指导思想。

78.《按劳分配原则中国化的探索历程——经济思想史视角的分析》

第一作者：魏众

期刊：《经济研究》

时间：2016 年第 11 期

按照经典马克思主义政治经济学的观点，社会主义的分配原则有两个，分别适用于不同的历史发展阶段："各尽所能，按劳分配"适用于社会主义的第一阶段，即社会主义建设阶段；"各尽所能，按需分配"适用于社会主义的第二阶段，即共产主义阶段。我国早期对按劳分配原则进行了一番大讨论，随着经济建设的大跃进和农村集体化程度的提高，在社会主义建设方面也开始实行大跃进，最为明显的特征即人民公社的建立，而收入分配政策也逐渐走向平均主义。十一届三中全会提出了"克服平均主义"的口号，并以农村为突破口，推行家庭承包责任制，开始从根本上打破农村的平均主义分配方式。为适应社会主义市场经济模式的建设，对按劳分配原则进行了中国化的探索，收入分配原则朝着多元化的方向发展，这一方面挑战着传统的社会主义按劳分配原则，但另一方面也成为按劳分配原则中国化的契机。20 世纪 80 年代末期开始的对我国收入分配进行的实证研究，提出社会公平要和经济增长并重。随着收入分配的实证研究成果逐渐丰富，社会各界对收入分配现状的了解更全面和直观，收入分配政策逐渐转向共享发展、共同富裕。本文从经济思想史的视角出发对按劳分配中国化的探索历程进行了梳理，并得到以下两点认识：一是在马克思主义政治经济学中国化的探索过程中，一定程度的理论争鸣是非常需要的；二是在当代中国马克思主义政治经济学的探索过程中，理论研究和经验研究不可偏废，两者都是基本研究方法。

79.《**中国特色社会主义政治经济学与供给侧结构性改革理论逻辑**》

第一作者：肖林

期刊：《科学发展》

时间：2016 年第 3 期

中国特色社会主义政治经济学理论体系主要包括发展生产力理论、基本经济制度理论、基本分配制度理论、改革创新理论、对外开放理论、五大发展理念理论、实现路径理论以及社会主义与市场经济结合理论等八个方面。改革开放以来，中国不断强化供给侧的土地、劳动力、技术创新等生产要素领域的改革，同时也加快推进了企业生产领域的相关改革。供给侧结构性改革不同于以往中国社会主义市场经济体制建设中的供给侧改革，它更具体系性、综合性和全局性。供给侧结构性改革是在中国经济发展新常态阶段，基于中国改革发展实践的理论综合性集成创新，构建了中国新供给经济学的理论架构。中国新供给经济学理论的创新和实践，是中国社会主义经济建设在新时期的一次探索性改革和调整，是中国特色社会主义政治经济学的重要组成部分。中国新供给经济学理论逻辑和分析方法主要表现为以下五个方面：一是供给侧结构性改革的目标是实现高效可持续增长；二是实现高效可持续增长，要求供给侧结构性改革与需求侧管理协同运用；三是供给侧结构性改革内生变量（要素供给）是经济持续增长的内在动力，其机制是寻求要素资源效率最大化；四是供给侧结构性改革外生变量是经济持续增长的外在动力，其机制是寻求经济运行效率最大化；五是供给侧结构性改革要以新发展理念为导向，发挥市场的决定性作用，更好地发挥政府作用。中国供给侧结构性改革的战略路径包括：第一，以要素新供给来提升全要素生产率，实现从要素驱动向创新驱动转变；第二，以制度新供给深化市场经济体制改革，实现从政府管制向市场配置转变；第三，以结构新供给促进以产业结构为重点的经济结构调整，实现从粗放式发展向集约化发展转变；第四，以政策新供给来化解发展中的突出矛盾和问题，为供给侧结构性改革营造发展环境；第五，加强供给侧改革与需求侧管理的协同运用，为供给侧结构性改革赢得战略机遇。

80.《用马克思主义政治经济学指导供给侧结构性改革》

第一作者：谢地

期刊：《马克思主义与现实》

时间：2016 年第 1 期

我国“十三五”期间强调供给侧结构性改革，是解决经济社会发展中各种深层次矛盾的客观需要，对于实现我国经济中长期稳定、可持续发展具有重要意义。供给侧结构性改革的理论依据源于马克思主义政治经济学；现实依据则是我国微观、中观、宏观、国际经济关系、政府治理等不同层面广泛存在的供给侧结构性矛盾。相应地，供给侧结构性改革的着力点应主要集中在微观、中观、宏观、国际经济关系、政府治理等几个方面，通过机制、体制和制度创新，破解供给侧结构性矛盾。从微观即企业层面来看，民营企业要不断提高自身素质和能力，在企业发展理念、技术进步、品牌孵化、生产服务及组织管理等方面学习借鉴外资企业先进经验，民营企业家要充分认知国情与世情，提升战略思维能力，同时国有企业要在不断提高效率与效益的基础上回应国民的福祉诉求，在经济结构调整、转变发展方式、参与国际竞争的过程中发挥好引领作用；从中观即产业层面来看，要以区域均衡协调发展为目标，优化国土空间开发格局，调整产业结构既要规避市场调节的时滞及盲目性，积极发挥政府干预的速效特质，也要防止其主观性，增强预见性，发挥好市场配置资源的决定性作用；从宏观即整个国民经济角度来看，应更加重视国民经济的结构调节和供给管理，围绕实体经济建立起国民经济的结构性均衡，不断提高供给效率，同时应审慎运用总量调节和需求管理政策，特别是调整国民经济的牵引力结构，改变出口、投资“狂奔”，而消费“跛足前行”的不正常状况；从国际经济关系角度来看，要在全球竞争中脱颖而出，取决于中国供给世界市场产品和服务劳动生产率的提高，在此基础上运用自主知识产权、核心技术改进产品及服务品质，孵化中国自主品牌；从政府治理角度而言，要创造让各种社会财富的源泉充分涌流的制度安排，营造大众创业、万众创新的浓厚氛围，减少政府对市场的不当干预，集中精力扮演好顶层设计、制度安排、政策框架等公共产品供给者的角色。

81.《危机后一般利润率下降规律的表现、国别差异和影响因素》

第一作者：徐春华

期刊：《世界经济》

时间：2016 年第 5 期

本文从两大部类的视角估算了 1995—2009 年 38 个国家的一般利润率，进而考察一般利润率的国别差异、下降规律及其影响因素。研究发现：第一，各国经济体中两大部类的利润率都存在不同程度的差异，并且第 II 部类中的利润率水平整体上高于第 I 部类。从总体均值层面看，生产资料部类优先增长的趋势会导致其中的利润率水平下降得比消费资料部门更为明显和稳健。第二，从全球经济发展的总趋势来看，表征技术进步的资本有机构成在整体上是不断提高的，当其他因素保持不变时，一般利润率下降规律在所有样本国家整体均值层面显著存在。第三，随着国家间关联程度的不断提高，各国的一般利润率变动是多重因素联动影响的结果，其中剩余价值率和资本有机构成均有显著的二重作用，进而使得一般利润率的变动呈现趋同或趋异态势。基于本文的结论可得出如下政策启示：第一，鉴于中国的一般利润率在整体上不仅低于巴西、印度等主要发展中国家，而且也低于日本、美国等主要发达国家，这可能引发大量资本的抽离，对此可通过相关措施来增强投资者的信心。第二，鉴于多数发达资本主义国家中的一般利润率在整体上呈明显的下降趋势，而中国呈波动上升态势，一般利润率下降趋势是国际产业转移的根本动因，所以在长期内“外资仍然喜欢中国”，从而中国应合理引导外资在各大行业中的流向以推动产业结构优化升级。第三，一般利润率在长期内不断下降与经济危机的产生是相伴相生的，特别是各国一般利润率的变动已呈显著的空间联动特征，由此强化了局部经济危机的全球扩散渠道，因而应建立与健全防范他国经济危机冲击的相应举措。

82.《中国特色社会主义政治经济学的理论溯源和生成背景》

第一作者：杨承训

期刊：《毛泽东邓小平理论研究》

时间：2016 年第 2 期

习近平号召全党把马克思主义政治经济学当作必修课，特别要坚持和发展当代中国特色社会主义政治经济学。这是我们党和全国人民的一项重大理论建设，对于提高全党全民的理论素养和认识、掌握社会主义发展规律具有重大意义。本文主要围绕中国特色社会主义政治经济学的科学内涵与历史地位、理论溯源和生成背景、指导原则及方法论这三个大方面进行了具体的阐释。马克思主义政治经济学是真正的科学理论，中国特色社会主义政治经济学博大精深，由中国共产党运用马克思主义普遍真理同中国革命和建设的实践所独创，是马克思主义政治经济学发展的新阶段，是当代中国的马克思主义政治经济学，其根本源头是马克思主义政治经济学，本质上就是对马克思、恩格斯、列宁经济科学的继承和发展，同时也是对毛泽东思想的继承发展和对苏联经验教训的借鉴吸取。此外，中国特色社会主义政治经济学的总体指导思想是坚持并创新中国特色社会主义理论体系，具体说就是“马学”为魂，“中学”为体，“西学”为用的指导原则。科学的世界观必须体现在科学的方法论上，中国特色社会主义政治经济学研究在方法上应当破除从定义出发，用书本剪裁现实的先验式、教条式的套路，避免和克服两种教条（土教条和洋教条），要突出历史分析、实证分析、比较研究和定性与定量相结合的方法，特别要尊重运用辩证法，具体问题具体分析。

83.《社会主义政治经济学的“中国特色”问题》

第一作者：杨春学

期刊：《经济研究》

时间：2016 年第 8 期

社会主义与市场经济的有机结合是中国对社会主义经济形态发展的最重大贡献。围绕这种结合所进行的理论分析是中国特色社会主义政治经济学的中心任务。由于社会主义这一形态一直处于不断优化的过程，因此在思想观念上，中国特色社会主义政治经济学首先要以动态的观点看待社会主义。政治经济学的首要任务是讨论“初级阶段形态”的社会主义。“初级阶段形态”的社会主义和中华文明思想基因的理论化，是我们辨识“中国特色”的实践和理论问题的坐标或参照系的底色，但是对其中的思想基因还存在一个如何将它们理论化的问题。社会主义与市场经济之间的相容性问题，需要我们特别关注两点：一是市场中性论，以此证明，市场只是配置资源的一种有效机制，并不决定一个社会的性质；二是市场经济的社会主义形态与资本主义形态之间的关键性差异，在于国家与资本之间的关系。在市场经济体制下，社会主义与资本主义之间的实质性差异，最终表现为重大制度的设计和安排上，是国家的意志支配着资本，还是资本的意志支配着国家的问题。社会主义初级阶段的基本经济制度为国家摆脱资本意志的不良影响提供了重要的制度基础，但是还需要在综合考虑这种制度的工具价值和内在价值的基础上，进一步思考最适度的所有制结构问题。此外，在中国语境中，只有在中央与地方的政府结构中，并且充分考虑到官商关系，才能更有效地讨论政府与市场之间的关系，展现出经济治理结构的特性和面临的问题。在理论上，以马克思主义政治经济学为指导，不断发展和丰富中国特色社会主义政治经济学这一“中国化”的理论成果。如何检视这种“中国化”：第一，要找到“中国特色”的理论参照系，且这种参照系会因为讨论的具体问题不同而存在差异；第二，以开放的心态，走在学术的前沿；第三，要以理论自信的精神，直面怀疑者的批评。

84.《论公有制理论的发展》

第一作者：杨春学

期刊：《中国工业经济》

时间：2017 年第 10 期

公有制理论正处于这样一种状态：经典的理论结构以其“纯粹形态”仍然充满吸引力，但是基于苏联模式的公有制理论正在失去其现实基础，而中国的实践丰富和发展了公有制理论。“以公有制为主、多种所有制经济共同发展”的体制，决然不同于苏联模式中的公有制。二者的差异不是边际意义上的变化，而是带有实质性意义的变革。这种变革正在使我们对社会主义所有制本身形成一种新的认识。中国理论家和实践者以非常巧妙的方式对所有制理论进行了创造性的发展。中国特色社会主义所有制的发展，既把“公有制为主体”视为可以保证社会主义性质的一种内在价值，又把它和“非公有制”作为发展社会生产力的一种重要手段，主要体现在以下几个方面：第一，确立以“是否有利于”社会生产力的发展作为评价所有制问题的核心尺度，强调所有制必须符合社会生产力发展的客观要求，从而形成了多层级的所有制结构；第二，较为充分地认识到，任何一种所有制能否促进社会生产力的发展，核心的问题是经济利益的激励机制；第三，提出所有制结构的概念，承认并正视在市场体制中公有制与非公有制相互依存的客观事实，把非公有制经济视为社会主义初级阶段基本经济制度的重要组成部分；第四，重新解释公有制概念，区分公有制与公有制的实现形式，抛弃以“一大二公”衡量所有制形式先进程度的传统思想，在拓展公有制各种实现形式的实践发展过程种提炼出新的理论观点。虽然中国在所有制问题上取得了很大的进步，但在思想和实践中仍然面临着一些悬而未决的挑战，包括如何根据实践的发展来理解公有制、如何正确地对待非公有制的性质、所有制与社会公平之间究竟是一种怎样的关系等。

85. **《实体经济困境与思考——一个平均利润率趋向下降规律的分析》**

第一作者：杨善奇

期刊：《经济学家》

时间：2016 年第 8 期

平均利润率趋向下降规律不仅适应于资本主义市场经济，同样也适应于存在不同所有制经济的社会主义市场经济。马克思认为平均利润率虽然呈现出下降的趋势，但同时也存在减缓这种趋势的因素，这些因素的变化直接影响利润率水平的下降速度。经济危机后我国经济出现“实冷虚热”的态势，即实体经济表现低迷，而虚拟经济却迅速膨胀，出现局部“高烧症”，实体经济的利润率波动较大，究其根源是由平均利润率趋向下降规律主导的实虚部门之间巨大利润差距导致的。本文试图从新常态下影响实体经济利润率趋向下降的各因素出发，结合新时期各个因素变化对实体经济利润率的影响进行分析，论证我国实体经济利润率持续低迷的原因。从现实经验来看，平均利润率趋向下降规律同样适应于分析社会主义市场经济规律。我国经济发展已步入“新常态”，减缓我国平均利润率趋向下降的各因素也相应发生变化，正确认识这些因素的作用机制，有的放矢地采取措施减缓平均利润率下降速度，才能更好地引导我国实体经济尽快摆脱目前的困境，实现健康平稳地运行，因此，需要对利润与工资、国企与私企（包含外资）以及内需与外需三大关系进行重新审视，为我国实体经济尽快摆脱目前的困境，实现健康平稳地运行提供有力借鉴。

86.《五大发展理念：中国特色社会主义政治经济学的重要拓展》

第一作者：易淼

期刊：《财经科学》

时间：2016 年第 4 期

“创新、协调、绿色、开放、共享”五大发展理念，反映了新时期我们党对经济社会发展规律的新认识，是中国特色社会主义政治经济学的重要拓展。首先，五大发展理念体现了中国特色社会主义政治经济学的重大原则，如坚持解放和发展生产力原则、坚持人民利益至上原则、坚持走共同富裕道路原则、坚持完善社会主义市场经济体制原则、坚持统筹兼顾原则等。其次，五大发展理念突显了中国特色社会主义政治经济学的现实指导意义，包括全面把握创新发展，激发新时期发展新功能；不断增强发展均衡性，构筑协调发展新格局；大力推进绿色发展，促进人与自然和谐共生；持续提升开放发展水平，发展更高层次开放型经济；加快补齐民生短板，谱写共享发展新篇章。再次，五大发展理念遵循了中国特色社会主义政治经济学视域下的改革逻辑，既科学调整当前生产关系以适应社会生产力发展，又注重合理完善当前上层建筑以适应经济基础发展。五大发展理念充分体现了新时期我们党对经济社会发展规律的新认识，充分体现了中国特色社会主义政治经济学的新拓展和新高度。当前，五大发展理念为破解发展新难题，厚植发展新优势，开拓发展新境界提供了科学理论指导和行动指南。只有坚决践行五大发展理念，积极推动这场关系我国发展全局的深刻变革，才能适应和引领新常态，才能抓住和用好我国发展的战略机遇期，才能确保如期实现全面建成小康社会的宏伟目标。

87.《供给侧结构性改革中的马克思主义政治经济学》

第一作者：余斌

期刊：《河北经贸大学学报》

时间：2016 年第 5 期

目前，中国经济发展的显著特征就是进入新常态，其主要表现是增长速度的下降，从高速转为中高速。虽然中国经济的总量已经达到了世界第二，但是，人均产值和收入还很落后，到我国人均产值达到世界第二，还有巨大的发展空间。我国的供给侧结构性改革，同西方经济学的供给学派不是一回事，西方供给学派强调激励，建议大幅度削减税收，以此来促进经济增长。不能把供给侧结构性改革看成是西方供给学派的翻版，更要防止有些人用他们的解释来宣扬“新自由主义”，借机制造负面舆论。我们讲的供给侧结构性改革，既强调供给又关注需求，既突出发展社会生产力又注重完善生产关系，既发挥市场在资源配置中的决定性作用又更好地发挥政府作用，既着眼当前又立足长远。从政治经济学的角度看，供给侧结构性改革的根本是使我国供给能力更好地满足广大人民日益增长、不断升级和个性化的物质文化和生态环境需要，从而实现社会主义生产目的。如果说扩大内需是在供给的产品不变的前提下，为这些产品增加需求，那么供给侧结构性改革就是要改变供给的结构来满足外溢的需求，把消费能力留在国内。当然，通过创新来提供新的产品也可能满足另外一些潜在需求，开拓出新的市场空间。此外，供给侧结构性改革的关键在于“两个不能动摇”，即公有制主体地位不能动摇，国有经济主导作用不能动摇，这是我国各族人民共享发展成果的制度性保证，也是巩固党的执政地位、坚持我国社会主义制度的重要保证。

88.《以中国特色社会主义政治经济学指导“供给侧结构性改革”》

第一作者：张晨

期刊：《政治经济学评论》

时间：2016 年第 2 期

“供给侧结构性改革”是中国特色社会主义政治经济学的重要发展，因此对“供给侧结构性改革”的理解，绝不能偏离中国特色社会主义政治经济学的基本原则和正确轨道，必须对其保持清醒的认识：首先，绝不能将我国的“供给侧结构性改革”与美国里根政府时代推行的“供给学派政策”混为一谈。供给学派从本质上说，旨在提高资本家的利润率，代表了资本家的利益，集中体现了美国右翼保守主义的经济主张。而当前我国所推进的“供给侧结构性改革”从根本上说是为了解放生产力、发展生产力，以人民为中心，实现共同富裕。其次，要注意在供给侧改革中把发挥市场决定性作用和更好地发挥政府作用结合起来。市场机制能够通过市场交换促进社会分工协作，能够通过市场竞争实现企业优胜劣汰，能够通过价格杠杆调节供给需求，从而引导资源有效配置。因此，市场在资源配置中发挥决定性作用的本质要求，就是在经济活动中遵循和贯彻价值规律、竞争规律和供求规律，同时也必须认识到，市场机制并不能自动实现均衡，而是带有一定的自发性、盲目性、滞后性，需要政府对其进行合理的干预和调控，因此就要求我们必须要充分确保企业的市场主体地位，转变政府职能，提高政府服务供给侧的能力和水平；进一步提高政府驾驭市场经济的能力，增强供给侧的合理性、协调性；实施结构优化、目标精准、能够增加有效供给的中长期调控和产业政策，培育新动力，发展新产业。再次，要在供给侧改革中把优化经济结构与提高经济总量统一起来。这就要求我们采取供给侧结构性改革的办法，优化经济结构，但是在供给侧结构性改革中，一定要处理好结构优化和经济增长的辩证关系，必须明确，优化经济结构的根本目的是确保中国经济保持中高速增长，实现我国经济又好又快发展。还要看到，保持经济中高速增长，既是经济结构优化的目标，又是解决我国当前经济结构性问题的关键。最后，在供给侧改革中要注重发挥国有企业的主导作用。此外，国有企业的制度优势，可以在供给侧改革中发挥关键作用，在供给侧改革中做优做强，充分发挥其主导作用。

89.《马克思恩格斯的国际交往理论与“一带一路”建设》

第一作者：张峰

期刊：《马克思主义研究》

时间：2016 年第 5 期

马克思恩格斯拥有丰富的国际交往思想。由于地理大发现和工业革命的相互促进，各国之间的联系日益增多，依赖日益增强，国际交往日益频繁，因此马克思恩格斯在大量著作中系统论述了国际交往与生产力发展、文化传播、交通运输革命、全球化等的关系。随着中国经济的快速发展，中国已经成为当代新的“世界工厂”，为了更好地适应全球化发展的需要，中国提出了“一带一路”的倡议。“一带一路”倡议本质就是一种国际交往，马克思恩格斯的国际交往理论对于中国更好地参与全球化、完善并有效地实施“一带一路”倡议，推动构建人类命运共同体，具有重要的现实意义。一是通过“一带一路”建设，积极参与国际产业分工，把中国的优势产业和丰盈的资金转移到沿线有需要的国家和地区，更好地利用沿线国家的资源和人力资本优势，在促进中国产业结构升级和优化的同时，帮助沿线国家加快工业化进程，推动其经济发展，实现互利共赢。二是通过“一带一路”建设，更好地促进文化交流，传播中国的外交理念，为经济交往创造良好的国际软环境，同时要不断地吸收和借鉴其他文明的长处，推进中国自身的文化建设。三是通过“一带一路”建设，加强与沿线各国的互联互通，推动沿线国家的高铁、机场、港口、通信、互联网等基础设施的建设，在中国与世界之间架起经贸和文化交流的桥梁。四是依靠“一带一路”倡议，更加主动地参与全球化进程，吸收人类共同的科技成果，这是促进中国发展、提升中国在全球化进程中的话语权的必然选择。五是通过“一带一路”倡议，探索建立新型互利共赢的对外交往模式，如通过产业转移和资金投入，支持沿线国家的工业和基础设施建设。六是通过“一带一路”建设，促进形成人类命运共同体，使得人与人、人与社会、人与自然、国家与国家之间的联系日益密切，依赖日益增强，命运日益相连。

90.《农村土地“三权分置”与新型农业经营主体培育》

第一作者：张广辉

期刊：《经济学家》

时间：2018 年第 2 期

农村土地“三权分置”是我国农村土地制度的重大改革，其实施的关键在于“落实集体所有权、稳定农户承包权、放活土地经营权”，清晰界定三权的权利边界。农村土地产权“两权分离”到“三权分置”的转变是以土地集体所有为前提，在保障农户承包权基础上，推动土地经营权的流转，改变以往农村土地“两权分离”制度下所面临的困境，发展适度土地规模经营，提高农村土地利用效率，进一步推动我国农业现代化进程。本文首先讨论了农村土地所有权、承包权和经营权的基本内涵与意义，并明确放活土地经营权是土地“三权分置”制度的重要目标，其本质是在更大范围内为资金进入农村土地经营领域提供渠道，解决农业经营资金短缺与效率不足问题，为新型农业经营主体的培育提供制度支持。其次分析了不同类型新型农业经营主体分别面临着“吃不下”的经营权、“分不清”的经营权和“拿不到”的经营权困境。最后针对以上困境，指出要从培育职业农民、完善土地经营权价值评估体系以及引入 PPP 模式等途径来加强新型农业经营主体培育。

91.《对新时代中国特色社会主义现代化经济体系建设的几点认识》

第一作者：张俊山

期刊：《经济纵横》

时间：2018 年第 2 期

在新时代背景下，我国社会生产力水平总体上显著提高，社会生产与科技创新能力在很多领域跻于世界前列，但仍存在发展不平衡、不充分的突出问题，而这些问题在很大程度上都存在于经济体系之中，因此建设现代化经济体系成为新时代中国特色社会主义现代化建设的重要战略任务，这也是对现代化认识的深化。本文以马克思主义理论和习近平新时代中国特色社会主义思想为指导，对现代化经济体系建设的一些理论问题进行了探讨，指出我国现代化经济体系是以实体经济为中心、建立在最新科技成果的应用基础之上、以质量第一为评价标准，并有着与之相适应的社会主义消费方式，是社会主义效率与公平的统一。现代化经济体系的建设必须遵循包括马克思列宁主义的经济理论、我国社会主义建设各时期形成的社会主义理论以及习近平新时代中国特色社会主义思想中的经济建设方略等现代化经济建设理论，同时以新发展理念为指导，在党的领导下走自主创新发展的社会主义道路。现代化经济体系是我国在经济基础领域全面实现社会主义现代化的重要内容，不仅需要自然科学领域的创新发展，更需要在马克思列宁主义、我国社会主义建设各时期的社会主义理论成就和习近平新时代中国特色社会主义思想指导下，进行全面的研究和创新。

92.《社会主义劳动力再生产及劳动价值创造与分享——理论、证据与政策》

第一作者：张平

期刊：《经济研究》

时间：2016年第8期

基于对资本主义生产方式批判的需要和所处的以劳动力“贫困积累”为主要特征的时代特点，马克思将“劳动循环”论证直接置于“资本循环”之中，没有对劳动力扩大再生产这一对于社会主义市场经济建设具有重要意义的理论命题进行深入探索，也没有对劳动参与剩余价值分配进行研究。本文在对马克思有关劳动创造理论梳理的基础上，以唯物主义历史观为基础，以解决中国的现实问题为导向，结合中国的实践、马克思对未来社会的设想，以及国内外研究成果，对以“知识生产与知识消费一体化”为特征的知识生产部门的劳动过程、劳动力扩大再生产、剩余价值的分享问题进行了探讨，并以此为基础，对知识部门的创新发展与管理体制改革提出了政策建议。“十三五”期间是中国跨越中等收入阶段的关键时期，从社会主义劳动循环的角度看，只有大幅度提高知识消费和知识供给能力，才能推动创新转型和共享发展。因此，相应的政策选择和深化体制改革任务包括：第一，把消费作为社会主义新时期经济循环的起点，知识消费是劳动力扩大再生产的关键，只有不断提高知识消费占总消费支出的比重才能完成扩大再生产，而这一过程不能仅靠政府扩大教育、医疗、科学、文化等方面的支出，应同时扩大私人在以上方面的消费支出；第二，深化科教文卫体制改革，加快科教文卫事业单位的转型和改革，推动产生知识供给的现代服务业发展；第三，重视人力资本参与价值分配，推动知识创新热情，逐步形成社会共享机制；第四，作为积极的财政政策，政府应继续扩大公共服务支出。中国的社会主义经济建设要以人为中心，核心是从劳动力再循环和劳动价值创造与分享的角度重新审视经济转型，其根本在于，逐渐形成一个知识消费与知识供给的循环体系，促进中国成为创新和共享的社会主义国家。

93.**《习近平精准扶贫思想探析》**

第一作者：张赛群

期刊：《马克思主义研究》

时间：2017 年第 8 期

习近平精准扶贫思想是应对我国当前贫困问题的基本方略。改革开放以来，我国在反贫困方面取得了巨大成绩，但贫困问题依然存在，并呈现出以下三个明显的特征：绝对贫困与相对贫困并存；物质贫困与精神贫困并存；制度型贫困、区域性贫困与阶层性贫困并存。这就需要转换扶贫理念，创新扶贫模式。习近平精准扶贫思想主要围绕“扶持谁、谁来扶、怎么扶”这三大主题提出相应的解决方案，并与“精准识别、精准帮扶、精准管理和精准考核”四者相呼应，共同构成精准扶贫工作体系。习近平精准扶贫思想适合于当代中国的贫困问题，有着鲜明的时代感和系统性。精准化是这一思想的基本理念和核心要义，而精准化的要求也贯穿于扶贫工作的全过程。习近平精准扶贫思想是针对社会主义中国当前的贫困问题提出来的，有其鲜明的现实意义和理论价值。在现实意义方面，习近平精准扶贫思想是全面实现小康社会的重要保障，促进了我国当前扶贫治理体系的完善，加强了党和政府的扶贫治理能力，在实践中推进了我国反贫困事业的发展；在理论价值层面，习近平精准扶贫思想既是对马克思主义反贫困理论的继承，又是对马克思主义反贫困理论的发展。总之，习近平基于当代中国贫困问题的种种探索，既是对我国过去数十年扶贫理论与实践的反思和提升，又是马克思主义扶贫理论在当代中国的新发展。这一思想不仅对于解决当代中国的贫困问题十分有益，对于解决社会主义国家的贫困问题也有借鉴的意义。

94.《论公有制与市场经济的有机结合》

第一作者：张宇

期刊：《经济研究》

时间：2016 年第 6 期

社会主义与市场经济的结合，是中国特色社会主义经济最重要的制度特征，是中国特色社会主义政治经济学最重要的理论贡献。它包括两方面，一是计划与市场的关系，二是公有制与市场经济的兼容或结合。无论从逻辑还是历史看，公有制与市场经济的结合都是社会主义市场经济的核心问题。理论逻辑和实践经验告诉我们，公有制与市场经济之间既有内在的一致性和兼容性，又存在着一定的矛盾和冲突。这种对立统一的关系，根源于社会主义公有制的特殊性质以及由此导致的商品性与非商品性并存的二重属性，并表现在产权结构的直接社会性与局部性、计划与市场、等量劳动互换与等价交换、劳动力的主人地位与商品属性、市场经济与共同富裕等具体方面。既要遵循市场经济的规律，又要体现公有制的要求；既要发挥市场经济的长处，又要彰显社会主义制度的优越性，这就是公有制与市场经济有机结合的实质，也是社会主义市场经济的精髓。深刻把握公有制与市场经济的这种特殊关系，在发挥市场决定作用的同时，更好地体现和发挥公有制经济的特点和优势，实现公有制与市场经济的更好结合，对于我们在新的历史条件下坚持和发展中国特色社会主义、全面深化经济体制改革有着重要的启示。

95.《社会主义政治经济学的历史演变——兼论中国特色社会主义政治经济学的历史贡献》

第一作者：张宇

期刊：《中国特色社会主义研究》

时间：2016 年第 1 期

社会主义政治经济学是关于社会主义生产方式及其发展规律的科学，

是马克思主义政治经济学的重要组成部分。马克思和恩格斯关于未来社会经济特征的理论，奠定了社会主义政治经济学的基础。传统的社会主义政治经济学是社会主义政治经济学的第一个理论形态，其核心思想是公有制基础上实行计划经济。社会主义政治经济学的发展就是伴随着改革的实践而不断发展的，而发现或引入市场、探索在公有制基础上建立市场经济则是过去一个世纪里社会主义理论与实践发展中的核心问题。随着计划经济向市场经济的转型，社会主义政治经济学也发生了深刻的变化。传统社会主义经济转型的实质，是要建立一种与市场经济相结合的新型的社会主义经济形态或经济模式，使社会主义经济更具有活力和效率。社会主义政治经济学转型的历史使命，是由中国特色社会主义政治经济学完成的。中国特色社会主义政治经济学是马克思主义政治经济学基本理论与中国具体实际相结合的最新理论成果，是当代中国马克思主义政治经济学的集中体现，是指导中国特色社会主义经济建设的理论基础，开拓了马克思主义政治经济学新境界。中国特色社会主义政治经济学的历史贡献在于丰富发展了关于社会主义经济制度、市场经济、改革方法、经济发展、政府和市场关系、经济全球化等方面的认识，为马克思主义政治经济学的创新发展和人类经济思想的宝库贡献了中国智慧。

96.《关于中国特色社会主义政治经济学的若干问题》

第一作者：张宇

期刊：《国家行政学院学报》

时间：2016 年第 2 期

社会主义政治经济学是关于社会主义经济制度及其发展规律的科学，是马克思主义政治经济学的重要组成部分。党的十一届三中全会以来，中国共产党把马克思主义政治经济学基本原理同改革开放新的实践结合起来，不断丰富和发展马克思主义政治经济学，创立了中国特色社会主义政治经济学，其主要内容包括关于中国特色社会主义经济的本质、关于社会主义基本经济制度、社会主义基本分配制度、社会主义市场经济、社会主义对外开放、中国特色社会主义经济发展等。中国特色社会主义政治经济学既体现了科学社会主义的基本理论，又体现了当代中国国情和时代特点，同时体现了经济发展和制度变迁的一般规律，丰富和发展了人们对社会主义制度、市场经济和经济发展的认识，因而既有特殊性，也有普遍意义；既是民族的，也是世界的，为马克思主义政治经济学的创新发展和人类经济思想的宝库贡献了中国智慧。我们要立足中国国情和发展实践，揭示新特点新规律，提炼和总结中国经济发展实践的规律性成果，在理论与实践的统一和互动中不断深化对中国特色社会主义政治经济学的认识，把实践经验上升为系统化的经济学说，不断开拓当代中国马克思主义政治经济学新境界。

97.《唯物史观的精神内核及其生成逻辑》

第一作者：赵义良

期刊：《中国社会科学》

时间：2016 年第 7 期

当代中国正处于转型时期：一方面，社会生产力以前所未有的速度迅猛发展；另一方面，社会思潮复杂多变，其中唯心史观不时沉渣泛起，它们或者片面夸大精神因素在社会历史中的价值，从而弱化人民群众的决定性作用，或者否定历史的客观事实，从而虚无或消解历史的本来面目。从哲学的高度对唯心史观的理论实质进行剖析，指出其局限所在，进而正本清源，展现马克思主义的强大生命力和时代价值，是马克思主义理论研究者不可推卸的历史使命。要完成这一使命，推动并引领社会思潮向着正确的方向前进，这些都需要我们进一步推进对唯物史观精神内涵的研究，目前需要深入挖掘和探索的两个关键问题是：唯物史观在马克思主义基本原理整体框架中的精神内核该如何把握？其发展演进的逻辑轨迹如何？本文的主旨就是对这两个问题进行具体论述。唯物史观的精神内核内嵌于马克思把握人类社会历史及其现实发展的本质规定即“历史具体”的深处。“历史具体”中，这种历史观始终站在现实历史的基础上。唯物史观与唯心史观的根本差异是建立在唯物史观对唯心史观批判和超越的基础之上的。从历史发展的根基来看，唯心史观建立在精神的基础之上，将精神的发展当作推动历史前进的根本动力，以精神的历史来取代现实的历史，把“世界精神”当成是历史的真正主体，其结果必将导致现实的历史被虚无化。要实现从思维抽象向思维具体的转换，关键在于把握住特定历史阶段的主导性生产关系，马克思基于对劳动问题的探索通过思维具体实现了历史具体，从而跨越了思辨的深渊，打开了一条通往社会现实的道路。只有深入到“资本主义生产方式以及和它相适应的生产关系和交换关系”中，才能使唯物史观的基本原理由思维抽象走向思维具体，从而实证地揭示资本主义生产方式的历史过渡性和暂时性，论证社会主义取代资本主义的历史必然性。紧扣时代前进的步伐，从历史方位中把握时代课题，从时代课题中提炼时代特征，从时代特征中探寻解决现实问题的道路。这条道路既需要遵循科学社会主义的一般规律，又需要紧密结合中国的现实国情不断具体化，从而形成根植于中国，但属于世界的中国特色社会主义的理论体系。这既是当代中国马克思主义研究的必由之路，也是当代中国马克思主义研究者必须承担的历史责任。

98.《“互联网+”推动的农业生产方式变革——基于马克思主义政治经济学视角的探究》

第一作者：周绍东

期刊：《中国农村观察》

时间：2016年第6期

马克思主义经典作家将人类历史上的农业生产方式分为小农生产方式、资本主义农业生产方式和社会主义农业生产方式三种形式。小农生产方式属于自给自足的自然经济，生产技术落后，生产规模小，缺乏生产过程的分工和协作；资本主义农业生产方式按社会化的方式经营，强化了生产中的分工和协作，其本质是一种工厂化的农业；社会主义农业生产方式的生产组织形式和经营方式是合作社联合体按照国家计划进行农业大生产，将实现农业与工业的统筹发展。由于农业生产过程不易实现社会化大生产，小农生产方式并未像经典作家所预言的那样，发展成为资本主义农业生产方式。基于“生产力——生产方式——生产关系”分析框架，本文提出：“互联网+”作为一种新的生产力形态，改变了农业生产中劳动者与生产资料的结合方式，不仅有助于解决农业企业化经营模式中资本监督劳动的问题，也有助于提高农业家庭经营模式中的规模经济效应，还可以通过产品创新和社会分工广化来弥补农业生产过程难以实现流程专业化和纵向分工的缺陷。“互联网+农业”的出现，使得小农生产方式获得了一个新的推动力，有可能跨越资本主义生产方式的“卡夫丁峡谷”，推动中国农业朝着社会主义农业的方向健康发展。社会主义农业的发展方向是在技术上超越小农生产方式，同时在生产方式和土地所有制上有别于资本主义农业的新型生产方式。

99.《时代呼唤中国经济学话语体系》

第一作者：周文

期刊：《经济研究》

时间：2016年第3期

经济学研究的学术中心总是随着世界经济中心的转移而变化。当前人类社会正经历着一个500年来难遇的巨变时代，中国经济的崛起不但改变着世界经济格局，也推动着经济学研究重心的转移。中国将成为未来世界经济的中心，发生在中国的经济现象注定会成为最重要的世界经济现象，经济学正在迈入中国时代。随着中国经济的影响越来越大，确立中国经济学话语体系正当其时。而中国经济学话语体系的构建，更需要的是对中国发展经验的总结和提炼，进而上升为“系统化的经济学说”，主要包括以下几点：第一，中国崛起与西方中心论的神话破灭成为构建中国经济学话语体系的前提；第二，中国已具备构建经济学话语体系的现实基础和能力；第三，构建中国经济学话语体系是系统化总结中国发展经验的内在理论诉求；第四，中国发展经验是构成中国经济学话语体系的基本内容。构建中国经济学话语体系，完成中国经济的发展优势到理论优势再到话语优势的三个层次递进和转换，是一项长期而艰巨的任务。中国经济学话语体系要克服两种倾向：一是过度数学化和计量化；二是实践中把零碎事实和个体观察等同于经济学理论。在中国经济新发展阶段，中国经济学的理论体系创新路径应该是置身于中国改革开放的实践土壤，一方面要科学利用统计资料、数理分析和计量分析手段对中国经济的发展道路、发展方式、发展进程和发展绩效展开研究，进而检验和证实中国经验；另一方面要充分运用马克思主义政治经济学基本原理和方法，从丰富的实践中抽象出完整的逻辑，形成科学的中国经济学理论体系。此外，中国经济学话语体系要注重融入中国传统文化。毋庸置疑，在这样一个伟大的巨变时代，不但是中国的实践发展，而且是世界经济的发展，都会展示出对中国特色、中国风格、中国气派经济学的强烈需求。

100. **《中国特色社会主义政治经济学：渊源、发展契机与构建路径》**

第一作者：周文

期刊：《经济研究》

时间：2018 年第 12 期

构建中国特色社会主义政治经济学既是中国经济发展进入新时代的内在诉求，又是中国道路在理论上的系统化阐述。本文从《资本论》启示和唯物史观运用的阐述逻辑出发，通过马克思主义政治经济学的生成与发展路径，透视中国特色社会主义政治经济学的历史进步意义，进而反思政治经济学核心范畴内涵的历史转向与嬗变，并以此在新的经济现实与政治经济学范畴和内涵条件下提出构建中国特色社会主义政治经济学的新思路。

中国特色社会主义政治经济学的构建过程事实上就是社会主义生产关系背后经济规律的揭示过程，因此中国特色社会主义政治经济学构建应该立足中国实践，主要围绕四个维度进行思考：一是中国道路与世界历史的辩证统一；二是唯物史观与问题导向的有机结合；三是以新的视角和新的出发点发掘政治经济学核心范畴的时代内涵；四是深度挖掘中国特色社会主义市场经济伟大实践的思想资源。面对生机勃勃的中国特色社会主义经济实践，建设具有中国特色、中国风格、中国气派的政治经济学理论和学术话语体系，形成系统化、规律化的经济学学说比任何时候都更加迫切。新时代中国特色社会主义政治经济学不但要为破解政治经济学的难题做出理论贡献，更要成为引领21世纪世界经济学发展的新潮流，从而对全世界经济发展贡献中国智慧和中国理论。中国人不仅能够创造经济发展的奇迹，也能够创造既立足中国实践又能够反映和引领世界经济发展规律的经济学。

后 记

自2017年首发以来，本报告已连续三年对中国政治经济学学术影响力进行了评价。本年度评价报告仍以学术刊物发表的论文作为评价基准，系统梳理了2016—2018年中国政治经济学的学术进展状况。与往年报告相比，本年度报告主要有以下三个特点：一是细分研究主题。本年度报告选取了二十三个细分政治经济学研究主题进行学术评价，评选了每个主题最具影响力的学术论文并对内容进行了概述。二是开展研究载体评价。本年度报告对开展政治经济学研究的学术机构、发表政治经济学论文的学术刊物和全国中国特色社会主义政治经济学研究中心进行了学术影响力评价。三是完善了评价方法，修正了影响力指数的权重参数。当然，学术评价本身就是一项复杂的工作，本报告一定存在着很多方面的不足，因此，希望广大读者向我们提出宝贵的意见和建议。编写组联系方式：00031959@whu.edu.cn。

《中国政治经济学学术影响力评价报告·2019》编写组

2019年8月